Walter Rella

AUF DEM WEG ZUM NEUEN BEWUSSTSEIN

Walter Rella

AUF DEM WEG ZUM NEUEN BEWUSSTSEIN

Fromm Verlag

Imprint
Any brand names and product names mentioned in this book are subject to trademark, brand or patent protection and are trademarks or registered trademarks of their respective holders. The use of brand names, product names, common names, trade names, product descriptions etc. even without a particular marking in this work is in no way to be construed to mean that such names may be regarded as unrestricted in respect of trademark and brand protection legislation and could thus be used by anyone.

Cover image: www.ingimage.com

Publisher:
Fromm Verlag
is a trademark of
Dodo Books Indian Ocean Ltd. and OmniScriptum S.R.L publishing group

120 High Road, East Finchley, London, N2 9ED, United Kingdom
Str. Armeneasca 28/1, office 1, Chisinau MD-2012, Republic of Moldova, Europe
Printed at: see last page
ISBN: 978-613-8-35340-9

Walter Rella

AUF DEM WEG ZUM NEUEN BEWUSSTSEIN

Einleitung

Die Klosterschüler der Abtei Le Bec in Frankreich sollen von ihrem Abt, Anselm von Canterbury (1033-1109), verlangt haben, er möge ihnen einen Gottesbeweis liefern, in dem kein einziges Argument aus der Offenbarung (der Bibel) genommen ist. Die quirligen Studenten waren nämlich skeptisch genug, um zu sehen, dass eine vorgeblich vernünftige Theologie, die letztlich einen Glauben zur Grundlage hat, auf tönernen Füßen steht. Daraufhin offerierte Anselm seinen Schülern den sog. „ontologischen Gottesbeweis", der, in einem Schluss dargestellt, lautet:

(1) Ein Allergrößtes, das größer nicht gedacht werden kann, ist denknotwendig.

(2) Was denknotwendig ist, ist auch seinsnotwendig.

(3) Also ist ein Allergrößtes, das wir mit dem Namen ‚Gott' benennen, seinsnotwendig.

Heute würden wir eine solche Schlussfolgerung nicht mehr akzeptieren - insbesondere nicht die 2. Prämisse. Im Mittelalter war sie jedoch gültig, wie ich noch zeigen werde. Was kann man heute dem fragenden Menschen offerieren? Mein Zugang möchte deutlich machen, dass nicht nur aus der Bibel als dem geoffenbarten Wort, sondern ebenso aus der Schöpfung als dem in die Natur hinein gesprochenen Wort die Seinsnotwendigkeit Gottes hervorgeht. Wenn die Gotteslehre der Heiligen Schrift (wie jeder Kenner der Bibel weiß) durch viele aus der Natur und der menschlichen Lebenswelt gegriffenen Gleichnisse nahegebracht werden kann, dann muss es auch umgekehrt möglich sein, durch das `Lesen` im `Buch der Natur' zu erfahren „wie Gott ist".

Um die „Wahrheit über Gott" sind die erbittertsten Kriege geführt worden. Heute aber – so meine These – sind wir auf keine Religion angewiesen, um die Wahrheit über Gott zu erfahren. Und folglich müssen – so mein Anliegen – darum auch keine Kriege mehr geführt werden. Es genügen die Mittel der Vernunft, das Buch der Natur und ein unbefangenes offenes Herz.

Die Mittel der Vernunft

Es lassen sich drei Formen der Vernunft unterscheiden, die in unterschiedlichen Epochen der menschlichen Geistesgeschichte Wirkmächtigkeit erlangt haben. Die Logik ist die Form der Vernunft. Die drei Formen der Vernunft gehen daher Hand in Hand mit drei verschiedenen Logiken. Dass es unterschiedliche Logiken gibt, ist seit der griechischen Antike bekannt. G.W.F. Hegel (1770-1831) war es, der mit seiner Dialektik zeigen konnte, dass diese Logiken nicht beziehungslos nebeneinander stehen, sondern dialektisch vermittelt sind. Dieser dialektische Zusammenhang der unterschiedlichen Formen der Vernunft ist in der menschlichen Geistesgeschichte nachweisbar. Ich möchte das am Beispiel der Zahl zeigen.

Der Ausgangspunkt: die **Tautologie**

Für Hegel ist die Zahl einer der ersten abstrakten philosophischen Gedanken überhaupt und daher ein Fortschritt gegenüber den frühen Naturphilosophen, die von jeweils konkreten Stoffen wie dem Wasser (Heraklit) oder der Gesamtheit der Elemente (Empedokles) ausgingen. In der **Antike** hatten die Pythagoräer sich erstmals Gedanken über die Zahlen gemacht und sie, ihrem Lehrer Pythagoras von Samos (ca. 570 - 510 a.D.) folgend, als zentralen Ordnungsbegriff eingeführt. Jeder kennt heute den pythagoräischen Lehrsatz, der ein Zahlenverhältnis im rechtwinkeligen Dreieck ausdrückt. Bekannt ist auch das sog. Pentagramm, der Fünfstern, in welchem die einzelnen Abschnitte in einem besonderen Längenverhältnis zueinanderstehen, welches dem sog. Goldenen Schnitt entspricht, der in Kunst und Architektur – und darüber hinaus – große Bedeutung erlangte. Das Pentagramm war auch sozusagen das „Logo" der Pythagoräer. Die Analyse der Zahlenverhältnisse und deren Interpretation bildeten die eigentliche und originale Leistung der pythagoreischen Lehre. Hier sind auch die Sphärenmusik und die Harmonie zwischen Mensch und Kosmos beheimatet. Die Pythagoräer sagten, zum Beispiel: Jupiter und Saturn verhalten sich so zueinander wie in der Musik Terz zur Quint, also wie die Töne eines Akkords. Denkt man das weiter, kommt man zur erwähnten Sphärenmusik, wo die Bahnen der Planeten so ähnlich wie Saiten eines Saiteninstruments harmonisch zusammenklingen. Das ist schon eine ziemlich gewagte Art, ganz verschiedene Dinge zusammen zu denken. Auch die heutigen Astrologen stammen gewissermaßen noch von den Pythagoräern ab, und die Leute, die heute Horoskope erstellen, erzählen die unglaublichsten Geschichten darüber, wie die Eigenschaften von Planeten oder Fixsternen mit den Charaktereigenschaften von Menschen harmonisch zusammengehören.

Immerhin war die Zahl ein heuristisch sehr wertvolles Prinzip, bedenkt man die großartigen Leistungen, die die Pythagoräer auf dem Gebiet der Mathematik und der Astronomie vollbracht haben. Die Mathematiker – ein griechisches Wort, das übersetzt „Wissende" heißt – können noch heute als Schüler des Pythagoras gelten, und man kann sich leicht vorstellen, wie ihr Lehrer sich gefreut hätte, wenn er von den Eigenwertlösungen der Atomorbitale oder von den Symmetrien der Elementarteilchen und der elektromagnetischen Feldgleichungen erfahren hätte.

Trotz all dieser Entsprechungen in der Wirklichkeit versinnbildet die Zahl ursprünglich aber ein subjektives Prinzip, einen Ordnungsgedanken des menschlichen Geistes, der durch ihn in die Natur hineingetragen wurde. Ein solch subjektives Prinzip kann die außer uns befindliche Wirklichkeit niemals einholen. Die Natur zählt nicht, sondern sie optimiert und stabilisiert nur. Das gilt für so verschiedene Erscheinungen wie die hexagonale Symmetrie der Bienenwaben oder die Kepler'schen Planetengesetze. Freilich hat es weder für die Pythagoräer noch für die übrigen antiken Denker eine solch objektive und vom Bewusstsein unabhängige Realität je gegeben. Mensch und Kosmos standen in der griechischen Antike – und stehen in den östlichen Philosophien heute noch – zueinander im Verhältnis der ununterschiedenen und unvermittelten Einheit. Im Grunde dieses Denkens waltete das Prinzip der *Tautologie* (der Selbigkeit): „Denken und Sein sind dasselbe"- war ein zentraler Satz von Parmenides (ca. 520- 460 a.D) und seiner eleatischen Schule. Auf dieses Einheitsbewusstsein verweist die pythagoräische Zahlenmystik ebenso wie die Vorstellung der Seelenwanderung, die nicht nur im fernöstlichen Denken, sondern auch bei den Pythagoräern verbreitet war. Der zufolge ist die Seele dem Kosmos so innig verbunden, dass sie nicht unabhängig von ihm zerstört werden kann. Im christlichen Europa des Mittelalters identifizierte sich das Denken des Menschen mit der Bibel, die als einzige Erfahrungsquelle bedacht und zugelassen war. Zum Beispiel begründete man das alte ptolemäische Weltbild, das die Erde als ruhendes Zentrum des Kosmos ansah, mit der Bibel. In der Bibel (Psalm 104,5) steht nämlich: „Du hast die Erde auf Pfeiler gegründet; in alle Ewigkeit wird sie nicht wanken." Auch der oben zitierte „ontologische Gottesbeweis" beruht auf einem Schluss, der Denken und Sein – Bewusstsein und Wirklichkeit – als ununterschiedene und unvermittelte Einheit begreift.

Der Schritt in die **Homologie**

Ein weiterer Fortschritt in der Erkenntnis war erst möglich, als das Prinzip der Tautologie im Bewusstsein überwunden war. Das geschah durch eine Revolution der Denkungsart, welche die **Neuzeit** einleitete. Man sieht hier, wie wirkmächtig logische Prinzipien in der Geistesgeschichte sein können, sodass ihre Umwälzung wie der Neuanfang einer Epoche verbucht werden kann. Von nun an bildete nicht mehr der Mensch, und mit ihm die Erde, den Mittelpunkt des Kosmos, sondern das Objekt, als Erscheinung, vermittelte durch seinen eigenen Schein Licht und Wahrheit.

Der entscheidende Übergang vom subjektiven zum objektiven Bewusstsein konnte - wie wir aus der Geschichte wissen - nur dadurch gelingen, dass der französische Gelehrte René Descartes (1596-1650), der diesen Schritt in seinen *Meditationes* (Untersuchungen über die Grundlagen der Philosophie) niederlegte, die Mittlerschaft eines allwissenden Wesens als Gewährsprinzip in Anspruch nahm. Das heißt: Das ursprüngliche, unbedingte Wissen, wie es im Bewusstsein der Tautologie gegenwärtig ist, konnte sich nur verwandeln unter Berufung auf einen jenseits liegenden Halt. Sonst wäre es in der Verwandlung untergegangen.

Seit der Neuzeit nun stehen Mensch und Kosmos einander im Unterschied gegenüber. Alles Subjektive und Qualitative ist ausgegliedert und abgetrennt. Der verbleibende Rest der zu erforschenden Welt musste quantifizierbaren Maßstäben genügen. Dementsprechend ging auch der Begriff der Zahl in den Modus der Quantität (der Anzahl) über. Die so der Äußerlichkeit (der „Menge") übergebene Zahl gestattete es der Mathematik, auch das für die Pythagoräer noch Unerfahrbare, also das Zufällige und Unendliche, vermittels Statistik und Infinitesimalrechnung einzugliedern. Die Zahlen wurden damit zu gültigen Mitteln, um Werden und Vergehen der Naturerscheinungen abzubilden. Sie gewannen Gestalt und Inhalt im mathematischen Gesetz der Natur, das von nun an das eigentliche Gewährsprinzip darstellt.

Das Bestreben der Naturwissenschaft geht dahin, alle Ereignisse und Tatsachen durch Raum und Zeit zu einer Verursachungsfolge zu vermitteln und durch eine möglichst einheitliche Gesetzmäßigkeit, eine evolutionäre Systemtheorie etwa, darzustellen. In diesem Bestreben bekundet die Naturwissenschaft das Bewusstsein der *Homologie* (der Gleichheit). Denn als Fall eines Gesetzes, oder auch seiner Negation, des Zufalls, stehen Natur und Mensch implizit unter dem Anspruch der Gleichgültigkeit vor diesem Gesetz. Nicht zufällig hat der Ruf nach „Égalité" in der Folge auch politische Wirkmacht erlangt.

Wenn wir das logische Prinzip von Antike und Neuzeit miteinander vergleichen, dann sehen wir, dass in der Antike der Mensch mit seiner Vernunft im Mittelpunkt stand und von ihm her alles Übrige – der gesamte Kosmos - Deutung und Bedeutung erfuhr. Logisch betrachtet, sehen wir dabei ein *deduktives* Prinzip verwirklicht. Seit der Neuzeit hingegen steht nicht mehr der Mensch im Mittelpunkt, sondern nun sind es die experimentellen Daten sowie die aus ihnen ableitbare und statistisch abzusichernde Evidenz. Der Mensch wird zum bloßen Beobachter und Vermesser einer äußeren Wirklichkeit. Daraus schließt er *induktiv* auf ein allgemein gültiges Gesetz.

Es erhebt sich nun die Frage, ob ein solches Verhältnis von Natur und Geist - ein solches Bewusstsein, wie es uns die Naturwissenschaft lehrt - endgültig sein kann. Allein schon der logische Formalismus, der im Prinzip der Induktion noch keinen Abschluss gefunden hat, muss uns misstrauisch stimmen. Denn es gibt, wie uns die Logik lehrt, noch eine weitere Form des Schließens: die *Abduktion*. Aber auch der reale Mangel, den der objektive Standpunkt mit sich trägt, bestätigt seine Unvollständigkeit. Denn zwei Bestimmungen können wir niemals als Fälle eines Naturgesetzes - und wäre es noch so allgemein - gelten lassen: *Erstens* die allgemeine Voraussetzung für das Erscheinen von Natur überhaupt – den Beobachter als Beobachter -, und *zweitens* die allgemeine Bedingung für das Erscheinen von Dingen – den Rahmen von Raum und Zeit. Die Kritik des Philosophen Immanuel Kant (1724 – 1804) hat diese beiden Extreme - die „transzendentale Einheit der Apperzeption" (damit ist das Ichbewusstsein gemeint.) einerseits, sowie die „transzendentalen Anschauungsformen" (damit sind Raum und Zeit gemeint.) andererseits - als unbegründbare Grundlage der Erfahrung in endgültiger Weise aufgezeigt, sich selbst zugleich aber innerhalb ihrer Grenzen unausweichlich und unerbittlich eingeschlossen.

Der Schritt in die **Analogie**

Um unser Erkenntnisvermögen über die von der Naturwissenschaft gesetzten Grenzen hinaus zu erweitern, müssen wir einen weiteren logischen Schritt setzen. Das ist folgerichtig der Schritt in die *Analogie,* bzw. die oben angesprochene *Abduktion.* Analogien kennt zwar auch die Naturwissenschaft. Zum Beispiel in der Biologie versteht man darunter Ähnlichkeiten, die durch eine gleichartige Funktion bedingt sind. So etwa die Ähnlichkeit des Auges von Wirbeltieren mit jenem von Tintenfischen, oder auch die Ähnlichkeit der Flügel von Insekten mit jenen der Vögel. In der Tat handelt es sich aber um voneinander völlig unabhängige „Erfindungen" der Natur, und die Ähnlichkeit ist das Resultat einer bloß äußerlichen Anpassung. Organe und Organismen hingegen, die stammesgeschichtlich verwandt sind, werden homolog genannt. Das trifft zum Beispiel für die Gehörknöchelchen des Menschen und die Kiemenbögen von Fischen zu. Obwohl sie eine total verschiedene Funktion zu erfüllen haben, entstammen sie doch derselben Entwicklungslinie.

Gehen wir zurück zu den Pythagoräern der Antike, so kann man die von ihnen postulierte Ähnlichkeit der Planetenbahnen und ihrer „Stimmungen" mit den Saiten und Stimmungen einer Lyra ebenfalls als Analogie bezeichnen. Und tatsächlich waren es die Pythagoräer, die erstmals von der „Analogia" als einer besonderen Form der Übereinstimmung gesprochen haben. Wir sehen also, dass die Analogie schon sehr lange bekannt war, dass sie aber im Laufe der Geschichte nie als eigenständiger Begründungszusammenhang anerkannt war. An und für sich enthält sie, wie der oben zitierte G.W.F. Hegel betont, die Vollendung des Schlusses und wäre deshalb geeignet eine Letztbegründung zu liefern. Wenn diese aber im Paradigma der Tautologie (entsprechend dem Bewusstsein der Antike) oder im Paradigma der Homologie (entsprechend dem Bewusstsein der Neuzeit) gesucht wird, dann verliert die Analogie ihren angemessenen Platz im Begründungszusammenhang. Sie gerät zur bloß äußerlichen Form, zum Blendwerk für Kunst und Wissenschaft, zur gefälligen und geistreich schmückenden rhetorischen Metapher.

Dass die Analogie aber Wesentlicheres in sich birgt, verrät uns schon die Sprache, als das „Haus des Seins", wie sie der Philosoph Martin Heidegger (1889-1976) genannt hat. Der verborgene Zusammenhalt dieses Hauses, also die Fügsamkeit der Worte, entstammt dem Prinzip der Analogie. Sie selbst ist Bedeutung, Verweis und Zusammenhang zugleich und schafft so eine synthetische Einheit des Mannigfaltigen innerhalb sprachlicher Ausdrucksmöglichkeiten. Denken wir etwa, um ein Beispiel zu nehmen, an den Zusammenhang von ‚Welt' und ‚Walten' in unserer Sprache oder an die Übereinstimmung von ‚Welt' und ‚Friede' im Wort „Mir" des slawischen Kulturkreises. Aber erinnern wir uns nun weiter, dass die Analogie ebenso im Zahlenverhältnis erscheint. Ohne dieses in der Analogie vorausgesetzte Verhältnis gäbe es die Zahlen gar nicht: wir könnten nicht einmal zählen, denn: Wie könnte man eine Zwei, eine Drei usf. definieren, ohne ihren Bezug zur Eins vorauszusetzen? Mit Fug kämen wir über den vom eleatischen Philosophen Parmenides formulierten Satz „Das Eine ist auch das Ganze" nicht hinaus. Wie es einem ergeht, der nicht *zuvor*, vor jedem Urteil, das Verhältnis bedacht hat, zeigt uns die Paradoxie des Eleaten Zenon: Eine Strecke wäre undefinierbar und infolgedessen auch undurchschreitbar. So finden wir die Analogie schon im Anfang enthalten, obwohl sie erst am Ende offenbar wird.

Worum geht es im Bewusstsein der Analogie? Es geht darum, die Vermittlung ernst zu nehmen, ihren logischen Vorrang zu bedenken. Wir müssen die *Beziehung* als wahren Ursprung und Anfang setzen. Das Allgemeine, das im Bewusstsein der Homologie das Gesetz war und welches sich erst am Ende ergab, rückt nun als Grund in die Mitte und so wird die Vermittlung, d.h. die Beziehung, zum Ausgangspunkt, der den beiden anderen logischen Gliedern, die ein individuelles Dasein bestimmen – die Einzelheit und die Besonderheit -, Halt gibt. Die Beziehung beider zueinander liegt ihnen daher logisch und grundsätzlich voran.

Nun stellt sich aber konkret die Frage, wie denn Vermittlung (Beziehung) *vor* aller urteilenden Fixierung der durch die Vermittlung aufeinander Bezogenen gedacht werden kann. Kann sie überhaupt so radikal und in so gründlicher Weise gedacht werden? Oder ist nicht vielmehr jeder Standpunkt, den wir einnehmen, ursprünglich durch eine *Entscheidung* (ein Urteil) bestimmt, so dass von vorneherein Einzelheit oder Besonderheit, Objekt oder Subjekt absolut gesetzt sein müssen? – Um diese entscheidende Frage geht es bei

7

diesem Schritt. Soll er gelingen, so benötigen wir einen Standpunkt *jenseits* von Subjekt und Objekt, der insofern freilich kein Stand-Punkt mehr sein kann, als eben der Punkt, der Stand gewährt, seinen Vorrang verliert. Das Jenseits muss aufs Neue in eigentümlicher Weise in uns gegenwärtig werden. Das heißt mit anderen Worten: Der Punkt, auf dem das Prinzip der Analogie steht, ist metaphysisch.

Um den metaphysischen Grund hinter allen Erscheinungen aufzuzeigen, müssen wir zum Inhalt nehmen, was sich bislang einer objektiven Untersuchung entzog und durch die Grenzen der Naturwissenschaft ausgeschlossen war. Diese Grenze wurde, wie oben erwähnt, durch Kant als „die transzendentalen Anschauungsformen" definiert. Das Prinzip der Analogie ermöglicht uns, diese Anschauungsformen selbst anzuschauen. Ich möchte das am Begriff der Zeit demonstrieren.

Das Mysterium der Zeit

Stellen wir uns ein thermodynamisches System vor. Ein derartiges System besteht, wie wir wissen, in den Kollisionen von Teilchen innerhalb eines Gases oder einer Lösung. Die Zusammenstöße bilden die Voraussetzung dafür, dass chemische Verbindungen entstehen können. Nicht jede Kollision wird jedoch zu einem neuen Molekül führen (das wäre nur bei einer Explosion der Fall). Vielmehr gibt es sogar thermodynamische Systeme (Edelgase etwa), in welchen überhaupt keine chemischen Reaktionen stattfinden. Die Zusammenstöße stellen also bloß eine notwendige Bedingung für das Zustandekommen einer Molekülverbindung dar und das gesamte Spektrum an Kollisionen verkörpert daher an und für sich nur einen Raum oder Rahmen von Möglichkeiten. Die bloße Möglichkeit für ein Ereignis ist noch nicht wirklich ein Ereignis. Um diesen Unterschied hervorzuheben, möchte ich ein bloß mögliches Ereignis *Gegnis* nennen. Ein thermodynamisches System repräsentiert, so gesehen, einen stets wechselnden und neu sich gestaltenden Gegnisraum mit seinen unverwirklichten Möglichkeiten. Ein solcher Raum ist keiner Beobachtung zugänglich und erscheint daher auch nicht, denn jede Beobachtung würde ihn zerbrechen, weil ja die Beobachtung selbst schon ein Ereignis darstellt, welches das Gegnis aufhebt. Würde nämlich der Messapparat mit dem zu Messenden keine spezifische Wechselwirkung eingehen, so wäre es unmöglich aus ihm irgendeine Information zu gewinnen.

Mit der Vorstellung eines Gegnisraumes und den in ihm waltenden Gegnissen gewinnen wir einen neuen Zugang zum Verständnis von Zeit. Bislang waren Zeit und Ereignis zirkulär definiert: Ereignisse bedingten den Fluss der Zeit und umgekehrt war Zeit die Voraussetzung für die Unterscheidung von Ereignissen. Diesem Begründungszirkel konnten wir nicht entrinnen. Jetzt aber identifizieren wir bloß mögliche Zeitpunkte mit Gegnissen, und da diese nichts hervorbringen, sind diese Zeitpunkte negativ definiert. Sie können nicht abgezählt werden und erscheinen daher als Kontinuum. Auf diese Weise verschwindet der logische Zirkel der Zeit, weil Zeit nicht mehr auf Ereignisse, sondern auf Gegnisse als ihren eigentlichen Grund bezogen ist.

Jene Zeit, von der bis jetzt die Rede war, leitete den Zeitbegriff von einem thermodynamischen Geschehen ab. Nun ist klar, dass unsere alltägliche Zeit nicht auf thermodynamische, sondern auf kosmische Prozesse bezogen ist (den „Lauf" von Sonne und Mond, bzw. die Rotation der Erde). Wir müssen also einen thermodynamischen und einen kosmischen Zeitstandard unterscheiden. Beide Standards können indes in genau derselben Weise behandelt werden, wenn wir statt des thermodynamischen Prozesses den „Prozess der Raumzeit" setzen. In der Tat kann das Quantenvakuum, dargestellt als Superposition im Hilbertraum, auf dieselbe Weise behandelt werden wie ein thermodynamisches Ensemble, dargestellt als Superposition im Phasenraum[1]). Beiden ist eine Dynamik negativer Beziehungen eigen, welche zu Scharen von Gegnissen führt. Der intensive Parameter der Temperatur erscheint demnach auf *analoge* Weise im kosmischen System als kosmische Expansion, in welcher, so wie in der Wärme, ebenfalls eine Energie verborgen ist. Und so wie im Falle der Wärmeenergie kann diese nur genützt werden, wenn es einen Gradienten gibt, der durch einen Wärmeaustausch zwischen zwei Behältnissen unterschiedlicher Wärme aufrechterhalten wird. Dieser Gradient wird im kosmischen Bereich durch das Schwerefeld hergestellt.

Was will nun diese Gegenüberstellung besagen? Sie beschreibt eine Analogie, nämlich die Analogie von Thermodynamik und Raumzeitdynamik. Die Nobelpreisträger Ilya Prigogine (1917-2003) und Louis de Broglie (1892-1982) haben sich vor rund 50 Jahren Gedanken über diese Analogie gemacht und De

Broglie ist es sogar gelungen eine Formel dafür zu finden. Seine Gleichung lautete: S/k = A/h. Er konnte zeigen, dass sich das Verhältnis von S zu k (der Entropie zur Boltzmann-Konstante) im Verhältnis von A (ein subquantisches Potential) zu h (der Planck-Konstante) spiegelt. Das Beispiel zeigt, dass die Analogie ganz unterschiedliche Räume und Zeiten vermittelt, welche weder deduktiv durch ein abstraktes Denkschema noch induktiv durch ein empirisches Verursachungsschema voneinander ableitbar sind. Der übergeordnete Zusammenhang dieser physischen Welten ist allein metaphysisch zu fassen. Im Zentrum dieser Metaphysik steht die Beziehung, welche durch die Unterscheidung von Gegnis und Ereignis darüber entscheidet, ob es *etwas* gibt oder *nichts.*

Kehren wir zur Mathematik zurück, die immer noch als strengste und gültigste Vorgehensweise logischer Verknüpfung im Ansehen steht. Wie ist es mathematisch möglich, sowohl wirkliche Ereignisse wie auch unwirkliche Gegnisse in Zahlen und Formeln zu fassen? Dafür ist es notwendig, den Zahlenraum zu erweitern. Zur Darstellung von wirklichen Ereignissen und ihrer Beziehungen untereinander genügte die einfache Zahlengerade der reellen Zahlen, wie sie uns die Mengenlehre liefert. Dabei gelten die strengen Regeln der Algebra, die jeder kennt: Das Assoziativgesetz, das Kommutativgesetz und das Distributivgesetz. Die Darstellung irrealer Gegnisse und ihrer Beziehungen (das Kontinuum) hat hingegen auf dieser reellen Zahlengerade logischerweise keinen Platz. Wir benötigen dafür eine eigene Zahlenachse von irrealen Zahlen, die auch die imaginäre Achse genannt wird. Für sie gelten auch andere Rechenregeln. Will man berechnen, wie sich Gegnisse in Ereignisse verwandeln, dann benötigen wir die komplexen Zahlen, welche aus einem imaginären und einem reellen Anteil zusammengesetzt sind.

Weil die imaginären Zahlen und ihre Besonderheiten weniger bekannt, aber im gegebenen Zusammenhang von eminenter Bedeutung sind, möchte ich mich im Folgenden mit diesem Thema ausführlicher befassen.

Exkurs: Über die imaginären Zahlen

Dieses Kapitel verdanke ich hauptsächlich dem Mathematiker und Philosophen Walter Tydecks aus Bensheim (D)

Die imaginären Zahlen können neben der Differentialrechnung als der größte eigenständige Beitrag der westeuropäischen Mathematik angesehen werden, vergleichbar der Einführung der Zahlen bei den Ägyptern und Sumerern und der Euklidischen Geometrie in der Antike. Sie gelten jedoch meist als rein technische Leistung, wie aus negativen Zahlen Wurzeln gezogen werden können, und ihr Erfolg in der Quantenphysik erscheint Mathematikern wie Physikern kaum verständlich und geheimnisvoll. Abgesehen von wenigen Stellen bei Cassirer und Quine blieben sie in der Philosophie unbeachtet, und nur ein Außenseiter wie der Wittgenstein-Schüler Spencer-Brown hat ihr Potential erkannt.

Zur Geschichte der imaginären Zahlen

Die Idee imaginärer Zahlen entstand bei Universalgelehrten der Renaissance wie Girolamo Cardano (1501-1576). Aktiv auf so verschiedenen Gebieten wie Medizin, Ingenieurwesen, Philosophie oder beim Stellen von Horoskopen, kam er in der Mathematik auf eine typische Rätselaufgabe seiner Zeit: Gibt es zwei Zahlen a und b, so dass gilt:

$(1)\ a + b = 10$

$(2)\ a \cdot b = 40$

Einfache Lösungsversuche zeigen schnell, dass es auf der gewöhnlichen Zahlengerade keine Lösung gibt. Niemand weiß, dank welcher Vorstellung Cardano die richtigen Lösungen fand, die oberhalb und unterhalb der Zahlenachse in der Zahlenebene liegen:

$a = 5 + \sqrt{-15}$

$b = 5 - \sqrt{-15}$

Die Nachrechnung ergibt: (1): $(5 + \sqrt{-15}) + (5 - \sqrt{-15}) = 10$, sowie (2): $(5 + \sqrt{-15}) \cdot (5 - \sqrt{-15}) = 40$

Cardano dachte noch nicht an Wurzeln aus negativen Zahlen, sondern er blieb dabei, irgendwie die gewöhnlichen Zahlen zu verlassen und zugleich für die neuen Zahlen Operationen zu definieren, die nicht im Widerspruch zu den gewöhnlichen Zahlen stehen, sondern zu ihnen zurückführen.

Ungefähr 200 Jahre später fand der Mathematiker Leonhard Euler (1707-1783) mit der nach ihm benannten Euler'schen Identität ($e^{i2\pi} = 1$) den Zusammenhang der imaginären Zahlen mit den Kreisfunktionen Sinus und Cosinus. Von da war es nur noch ein kleiner Schritt, bis in den Jahren um 1800 der norwegisch-dänische Kartograph Caspar Wessel (1745-1818) und der aus Genf stammende Buchhändler und Hobbymathematiker Jean-Robert Argand (1768-1822) die bis heute gültigen Rechenverfahren für komplexe Zahlen entwickelten. Wessel schuf eine anschauliche geometrische Darstellung und versteht die Multiplikation zweier komplexer Zahlen als Richtungsänderung (Drehung) und Streckung.

Damit lagen die mathematischen Werkzeuge bereit. Es bedurfte nur noch des Anstoßes durch die ab 1880 rasant entstehende Elektrotechnik. Deren Schwingkreise lassen sich am besten mit komplexen Zahlen beschreiben. Das führte 1920-1940 zur Ausarbeitung der Theorie von Funktionen mit komplexen Variablen, wie sie bis heute gelehrt wird. Sie gilt aufgrund der Reinheit ihrer Sätze bisweilen als "Königin der Analysis".

Imaginäre Zahlen in Kunst und Dichtung

Die russische Avantgarde, mit ihrem bedeutendsten Vertreter Velimir Chlebnikov (1885-1922), ließ sich von den „übersinnlichen" Qualitäten der imaginären Zahlen befruchten. Das Symbol $\sqrt{-1}$ zieht sich wie ein roter Faden durch ihr Werk. Es steht sowohl für den bedeutungsleeren Ursprung, als auch, um 180° gewendet, für den zyrillischen Buchstaben Л (L) als Kürzel für das Wort „Liebe", dem der Prophet „Zangezi" (Chlebnikovs literarischer Doppelgänger) Schöpfungsmacht zuschreibt. Hier kommt poetisch die Übersinnlichkeit imaginärer Zahlen zum Ausdruck: Einerseits ihr Bezug zum Nicht-Sein, andererseits ihre Drehung innerhalb einer vertikalen, „Liebe" genannten Dimension, hin zur Wirklichkeit des Seins. Jeder Mensch wird als imaginäre Größe, d.h. als Seele, geboren. Sie bedarf der Aktivierung durch das

„L"-Prinzip, das als einziger Laut den Kampf mit den übrigen Buchstaben überlebt.

Auf diese Weise hat die russische Avantgarde poetisch und prophetisch den Sinn und Übersinn vorweggenommen, der in der imaginären Ebene verborgen liegt.

Russellsche Antinomie und Lügner-Paradoxon

Die Bedeutung der imaginären Zahlen für die Logik und die Philosophie der Mathematik ist erstmals von dem nach wie vor kaum bekannten britischen Mathematiker, Psychologen, Dichter und Songwriter George Spencer-Brown (1923-2016) gesehen worden. Er hatte im 2. Weltkrieg unter anderem als Funker und Nachrichtentechniker gearbeitet und war anschließend an der Programmierung von Schaltkreisen beteiligt. Aus dieser Zeit kannte er die praktischen Vorteile beim Rechnen mit komplexen Zahlen. Daneben hat er 1950-51 bei Ludwig Wittgenstein (1889-1951) studiert und war ab 1960 mit dem Mathematiker und Philosophen Bertrand Russell (1872-1970) bekannt.

Im Vorwort zur ersten amerikanischen Ausgabe seines Werkes *Laws of Form* hat er 1972 eine verblüffende Beziehung der imaginären Zahlen zum Problem der Russell'schen Antinomie gesehen, die auf dem Lügner Paradox beruht: Russell und Whitehead wollten die drohende Antinomie in der Typen-Theorie mit dem Verbot selbstbezüglicher Elemente ausschließen. Das hielt Spencer-Brown für einen Fehler. Spencer-Brown berichtet, dass er Russell 1967 getroffen und ihm gezeigt hat, wie er ohne diesen Ausschluss arbeiten kann.

Spencer-Brown ging in zwei Schritten vor: Ihm gelingt eine einfache arithmetische Darstellung der Russell'schen Antinomie, die er sodann mithilfe der imaginären Zahlen auflöst. Die Russell'sche Antinomie beruht auf einer negativen Selbstbezüglichkeit, wenn sie von den Mengen handelt, die sich nicht selbst als Menge enthalten. Um innerhalb der Arithmetik eine negative Selbstbezüglichkeit zu definieren, ist eine Gleichung aufzustellen, in der eine Variable x als ihr eigener Kehrwert auftritt und mit dem Minus-Zeichen negiert wird: $x = -1/x$.

Mit dieser Gleichung ist die negative Selbstbezüglichkeit formalisiert: Der Kehrwert steht für den Selbstbezug, das Minuszeichen für die Negation. Das in dieser Gleichung enthaltene Paradox wird sichtbar, wenn für x der Wert 1 oder der Wert −1 eingesetzt wird:

$$+1 = \frac{-1}{+1} = -1$$

$$-1 = \frac{-1}{-1} = +1$$

1 und −1 sind die einfachst-möglichen Zahlen, und sie zeigen, dass es für diese Formel keine natürliche Zahl als Lösung gibt. Dagegen ergibt sich mit imaginären Zahlen die Lösung:

$$i = -1/i = i \qquad \text{wegen } i^2 = -1$$

Das ist in einem Analogie-Schluss zu übertragen auf die Russell'sche Antinomie. Whitehead und Russell hatten nur den Ausweg gesehen, Fragen dieser Art mit einem dritten Wahrheitswert 'bedeutungslos' zu versehen und auszuschließen. Spencer-Brown stellt stattdessen den beiden Wahrheitswerten 'wahr' und 'falsch' den dritten Wahrheitswert 'imaginär' gegenüber. Während 'bedeutungslos' lediglich unbestimmt die Leerheit bezeichnet, die jenseits von 'wahr' und 'falsch' liegt, öffnet sich mit 'imaginär' ein Möglichkeitsraum. Dieser Möglichkeitsraum ist nicht mehr leer oder beliebig, sondern in ihm gelten die für die komplexen Zahlen eingeführten Regeln.

Mit Möglichkeit ist nicht mehr eine Aufzählung von Alternativen gemeint, wie sie bereits dem disjunktiven Urteil bekannt war, sondern der Möglichkeitsraum ist der Raum des Systems mit eigenen Eigenschaften. Möglichkeit und Wirklichkeit verhalten sich nicht mehr wie zwei voneinander getrennte Modi, sondern sind über die Zyklizität der imaginären Zahlen miteinander verknüpft.

Der imaginäre Bereich

Der imaginäre Bereich ist nicht nur eine Angelegenheit von Technikern und Philosophen. Er begleitet uns im Alltag, wie folgendes Beispiel aus dem Wirtschaftsleben zeigt: Der als Begründer des Dialektischen Materialismus bekannte Karl Marx (1818-1883) hatte in seinem Buch „Das Kapital", Bd 1, über die Dialektik der Ware nachgedacht und an ihr Wert und Gebrauchswert unterschieden. Der Wert einer Ware resultiert aus den Ressourcen an Rohstoffen und Arbeitszeit, die in ihm stecken. Der Wert eines Lodenmantels, zum Beispiel, beinhaltet den Wert des Lodenstoffes (und einiger anderer Ressourcen wie Knöpfe und Garn) plus den Wert der Arbeitszeit, welche erforderlich ist, um aus ihm einen Mantel zu schneidern. Der fertige Mantel landet auf dem Markt und wird vom Händler mit einem Preis versehen, der zumindest dem Wert des Mantels entspricht. Nun wartet er im Lager bzw. in der Auslage des Händlers auf einen Käufer. Der Käufer sieht den Preis und überlegt, ob er für seine Zwecke angemessen ist. D.h. der prospektive Käufer schätzt den Gebrauchswert des Lodenmantels für sich ab. Im Idealfall wird der Gebrauchswert des Mantels für den Käufer genau gleich hoch sein wie der Wert der Ware für den Erzeuger. Das ist jedoch eher die Ausnahme. Wenn der Käufer unbedingt einen Mantel braucht, um nicht zu erfrieren, dann wird er bereit sein, einen viel höheren Preis für das Produkt zu zahlen. Umgekehrt wird der Käufer nur einen reduzierten Preis zahlen wollen, wenn ihm der Mantel nicht gefällt. Im Extremfall kann der Mantel für jemanden komplett wertlos sein, wenn er ihn gar nicht braucht: sein Gebrauchswert ist null.

Wir sehen also: Wert und Gebrauchswert für ein und dieselbe Ware können erheblich auseinander klaffen. Das heißt, die Ware am Markt besitzt gar keinen bestimmten Wert, sondern nur einen imaginären in der Vorstellung von Käufer bzw. Verkäufer. Indem beide um den Preis feilschen, wird der wahre Wert festgelegt. Eine Ware genügt also einer dreistelligen Relation: Produktionswert, Marktwert und Gebrauchswert. Gotthard Günther (1900-1984), ein deutsch-amerikanischer Philosoph, der von der logischen Seite an das Problem herangetreten ist, spricht von einer Proemialrelation, was man (nicht ganz im Sinne von Günther) als eine „vor dem Kauf" angesiedelte Relation übersetzen kann.

Selbstverständlich gilt die Dialektik von Wert und Gebrauchswert nur, wenn es auch einen Markt gibt, das heißt, wenn Waren *für andere* erzeugt werden. Solange jeder autark nur für sich selbst arbeitet, sind Wert und Gebrauchswert eines Produktes identisch. Der Markt erst macht aus einem Erzeugnis eine Ware und nur für eine Ware gilt die dreistellige Relation von Wert, Gebrauchswert und Imaginärwert. Aus Sicht des Produzenten hat sie freilich Wert (verbrauchte Ressourcen) und aus Sicht eines potentiellen Käufers hat sie ebenfalls Wert (möglichen Nutzen). In der Ware am Markt sind aber die verbrauchten Ressourcen nicht mehr (der Produzent hat sein Produkt aus der Hand gegeben) und der mögliche Nutzen noch nicht sichtbar (es gibt noch keinen Käufer). Die Ware am Markt besitzt daher nur imaginären Wert. Der imaginäre Wert verbirgt neben wahr (wertvoll) und falsch (wertlos) eine dritte aussagenlogische Prädikation und ergänzt somit die bloß für die Realität gültige zweiwertige Logik. Der Käufer ist es, der die ursprünglich dreiwertige Logik jedes Tauschobjekts durch den Akt der Bedeutungserteilung – der Wertzuschreibung – in eine zweiwertige verwandelt: nützlich oder nutzlos. Freilich: Die Ware als Gegenstand ist selbstverständlich „wirklich", Wert besitzt sie jedoch nur in der subjektiven Einbildung der Marktteilnehmer. Erst der Käufer *ver-wirklicht* ihren Wert. Er fungiert in diesem Sinne als Schöpfer „aus dem Nichts". Das kann man nur dann so sehen, wenn man der Beziehung, die der Käufer einbringt, den Vorrang vor der Wirklichkeit einräumt.

Beispiele aus den Naturwissenschaften

(1) Das Immunsystem

Seit langem ist bekannt, dass die Mannigfaltigkeit an Abwehrstoffen, die ein menschlicher Körper oder eine Maus (klassisches Studienobjekt der Bio-Wissenschaft) zu produzieren vermag, bei weitem die Mannigfaltigkeit an genetischer Information übersteigt, die ein Mensch (oder ein Versuchstier) in seinen Keimzellen zu beherbergen vermag. Einerseits ist in der Zygote die gesamte Information eines Individuums verschlüsselt. Das gilt selbst für die kleinsten Details wie etwa die Augenfarbe oder die Zahl der Haare, die jemand auf dem Kopf trägt. Andererseits gilt diese Regel für die Mannigfaltigkeit der Abwehrstoffe nicht. Diese Mannigfaltigkeit entsteht erst während der

Embryonalentwicklung und während einer kurzen Phase nach der Geburt. Worin besteht da der Trick?

Die Zygote, also die verschmolzenen Keimzellen, beherbergt eine bestimmte Zahl genetisch ererbter Abwehrstoffe – Immunglobuline – im niedrigen zweistelligen Bereich. Eine erste Grundlegung an Mannigfaltigkeit resultiert aus der Tatsache, dass Immunglobuline aus mehreren Fragmenten zusammengesetzt sind, deren genetische Information auf mehrere Chromosomen verteilt ist und die im Zuge der Zusammensetzung zu einem Immunglobulin frei kombinierbar ist. Das reicht jedoch bei weitem nicht aus. Denn ein Organismus ist locker in der Lage, eine Million verschiedener Immunglobuline zu produzieren, und zwar auch solche, die im Leben des Organismus gar nicht gebraucht werden. Der Organismus soll ja in die Lage versetzt werden, auch gegen beliebige Mutanten von Krankheitskeimen, die erst in irgendeiner Zukunft entstehen *könnten*, Abwehrstoffe zu bilden. Hätte ein Organismus diese Fähigkeit nicht, dann hätten etwa Viren ein leichtes Spiel. Wie also macht das unser Organismus? Der dänische Mediziner und Immunologe Niels K. Jerne (1911-1994) hat die Sache in den 60-er Jahren aufgeklärt und erhielt dafür den Nobelpreis.

Die genetisch kodierten Immunglobuline werden klonal auf embryonalen lymphoiden Zellen ausgeprägt. Da sich diese Immunglobulinklone in ihren variablen Regionen unterscheiden, repräsentieren sie nicht nur unterschiedliche Spezifität – man spricht vom Idiotyp eines Klons, sondern auch unterschiedliche Antigenität – man spricht vom Paratyp eines Klons. Jeder Klon trägt also zugleich eine idio- und eine paratypische Charakteristik. Das hat zur Folge, dass das Idiotop – die den Idiotyp kennzeichnende Aminsäurensequenz - eines Klons Paratope eines anderen Klons erkennen können, was zu einer mehr oder weniger ausgeprägten Stimulation und im Gefolge zu einer Vermehrung idiotypischer Klone führt. Diese Stimulation und Vermehrung geht so lange vonstatten, bis eine Tochtergeneration etabliert ist, die nicht mehr stimulierbar ist, weil sich der Idiotyp durch sukzessive Punktmutationen verändert hat. Dieses Geschehen ereignet sich über alle Idio- und Paratypen kreuzweise. Nach vielen Generationen entsteht schließlich eine Population unterschiedlicher Idio- und Paratypen, die sich so weit verändert und ausgedünnt haben, dass sie nicht mehr untereinander interagieren. Ist dieser Zustand erreicht, dann kommt das Netzwerk an Idio- und Paratypen innerlich zur Ruhe und hat damit seine maximale innere Mannigfaltigkeit erreicht. Klone, welche mit eigenen Makromolekülen interagieren, werden abschließend stumm geschaltet. Übrig bleibt also um den Zeitpunkt der Geburt eine unübersehbare Zahl verschiedener Klone, welche gegen irgendwelche Fremdstrukturen – auch solche, die natürlicherweise gar nicht vorkommen – gerichtet sind. Taucht eine solche Fremdstruktur im Blut oder unter der Außenhaut auf, dann wird das schlummernde Immunsystem geweckt und aktiviert.

Dieser auf das Wesentliche beschränkt beschriebene Mechanismus betrifft die sog. humorale Immunität, welche erstmals bei den evolutiv ältesten Fischen, den Neunaugen, entstanden ist. Die sog. zelluläre Immunität ist noch viel älter und bereits bei den ersten tierischen Organismen überhaupt, den Hydren bzw. Korallen, vorhanden. Sie basiert darauf, dass diese Tiere ständig ihre äußere Hülle, das Ektoderm, nach ihrer Identität abtasten. Diese Identität wird durch eigene Gewebsstrukturen repräsentiert. Sowie sich eine Zelle mit einer anderen Identität, ein Parasit etwa, dort einnistet, wird ein Automatismus ausgelöst, welcher die Zelle, die die Fremdstruktur ausgeprägt hat, abtötet.

Vergleichen wir diese Mechanismen mit dem oben erwähnten Marktmechanismus, dann fällt uns eine Parallele auf: So wie der Wert eines Produkts im Marktgeschehen untergeht, ebenso ist die Spezifität des Immunglobulins (sie repräsentiert seinen Wert) im zur Ruhe gekommenen idio-para-topischen Netzwerk verborgen, unbestimmt. Die Wertzuschreibung erfolgt erst durch das eingebrachte Antigen als „Käufer", wodurch sich die Funktion – eben der Wert - des Immunglobulins realisiert. Sowohl der unexponierte Markt als auch das unexponierte Immunsystem beherbergen demnach nur imaginäre – im wahrsten Sinne des Wortes: eingebildete Werte. Sie sind zwar im Übermaß vorhanden, aber verborgen und müssen erst durch einen Käufer oder ein aktivierendes Agens in die Wirklichkeit gehoben werden.

(2) Das LAC Operon

Es wurde vom französischen Molekularbiologen Jacques Monod (1910-1976) in den 60-er Jahren aufgeklärt, wofür er den Nobelpreis erhielt.

Ein Operon ist eine genregulatorische Einheit, die in der Lage ist, bedarfsgerecht Proteine bzw. Enzyme zu produzieren. Solche regulatorische Fähigkeiten sind bereits bei Bakterien vorhanden. Das in Rede stehende LAC

Operon verknüpft die Anwesenheit von Milchzucker (Laktose) mit der Induktion eines Enzyms für dessen Spaltung (Laktase). Das System stellt sicher, dass nicht ständig Laktase produziert werden muss, obwohl gar keine Laktose vorhanden ist.

Auf dem zugehörigen DNS-Strang (des Bakteriums Escherichia coli, das als Studienobjekt diente) gibt es drei hintereinander angeordnete Abschnitte (Gene): Das Regulator-Gen, das Operator-Gen und das Strukturgen für die Enzymsynthese. Die drei Gene zusammen bilden das Operon.

Das Regulator-Gen produziert ständig auf sehr niedrigem Niveau ein Repressor-Protein. Dieser Repressor heftet sich in Abwesenheit von Laktose sterisch an das Operator-Gen und behindert so dessen Funktion. Sobald Laktose im zellulären Milieu auftaucht, bindet es sich an den Repressor, worauf durch eine räumliche (allosterische) Umlagerung desselben sich dessen sterische Bindung an den Operator löst. Der Operator ist jetzt frei und kann dem Strukturgen den Befehl zur Produktion von Laktase geben.

Das Prinzip ist Folgendes: (1) Das Repressor-Protein besitzt selbst keine enzymatische Wirkung. Es dient nur vermöge der Befähigung zur allosterischen Umlagerung als Überträger chemischer Information zwischen der Laktose und dem DNS-Strang (Operatorgen). (2) Die Wirkung von Laktose auf die Produktion von Laktase ist völlig indirekt und verdankt sich allein der Allosterie des Repressor-Proteins. (3) Es gibt keine Kausalbeziehung zwischen den Tatsachen, dass Laktase Laktose spaltet und dass Laktase durch die Anwesenheit von Laktose gebildet wird.

Es gibt demnach für den Zweck der Laktoseverwertung ein imaginär präformiertes System, bzw. eine proemiale – die Verwertung von Laktose vorbereitende – Relation folgender Zusammensetzung: (1) die Anwesenheit eines Regulator-Gens, das einen sehr niedrigen Spiegel an Repressorprotein aufrechterhält. (2) Die Anwesenheit eines Operator-Gens, das bei Abwesenheit von Laktose durch den Repressor abgeschaltet ist. (3) Die Befähigung des Repressorproteins alternativ entweder mit dem Operator oder mit Laktose eine nicht kovalente Bindung einzugehen.

Das LAC Operon ist ein relativ einfaches Beispiel wie Genabschnitte zusammenarbeiten können, um irgendwelche höheren Leistungen zu vollbringen. Die Kombinationsmöglichkeiten unter den Genen sind nahezu
19

unendlich. Ähnlich dem Netzwerk der Immunglobuline repräsentiert der DNS-Strang ein intern imaginär präformiertes System, das durch spezifische Bedeutungserteilung (Wertzuschreibung) für beliebige Funktionen adaptierbar ist. Das Netzwerk kooperierender DNS Abschnitte umfasst nicht nur Operone, sondern auch verstreut liegende und frei kombinierbare Exone (kodierende Sequenzen) sowie die als „springende Gene" bekannten Transposone. Diese werden durch von außen herangetragene Reize – vergleichbar einem antigenen Reiz – aktiviert. Die DNS, das Molekül des Lebens, ist in der Lage eine große Zahl an Metaebenen zu tragen, die es möglich machen, dass aus einer Zygote während der Embryonalentwicklung ein reifes Individuum entsteht. Dabei kommt nicht nur der räumlichen, sondern auch der zeitlichen Organisation eine entscheidende Bedeutung zu.

(3) Die Evolution

Die klassische, auf Charles Darwin (1809-1882) zurückgehende Evolutionstheorie ist heute allgemeines Wissensgut: Es gibt zufällige Veränderungen im Erbgut (sog. Mutationen), die einen Überlebensvorteil beinhalten können und sich daher im Laufe der Zeit durchsetzen (sog. Selektion) und aufbewahrt werden (sog. Retention). Es ist das Prinzip der Auswahl des Tüchtigsten oder des Angepasstesten. Der sog. „Kampf ums Dasein" ist in den seltensten Fällen aber ein Kampf zur Auswahl des Stärkeren, wie Darwin noch wähnte, sondern vielfach ein Wettbewerb um die bessere Taktik, sich zu verstecken, oder um mehr Nachkommen zu haben. Die molekulare Grundlage für die genetische Variabilität ist heute wohlbekannt. Mir ist es wichtig eine imaginäre und eine reale Variabilität zu unterscheiden.

Die *imaginäre Variabilität* betrifft Punktmutationen und Genduplikationen. Damit wird das Repertoire an möglicher Bedeutung erweitert, ohne dass damit irgendeine bestimmte neue Funktion verknüpft wäre. Zum Beispiel ist die oben erwähnte Genese der Mannigfaltigkeit von Abwehrstoffen an Punktmutationen geknüpft, welche im sog. Variablen Bereich der Immunglobulinketten akkumulieren. Diese Mutationen sind völlig beliebig und dienen nur dazu das Repertoire an möglichen Abwehrstoffen zu erhöhen. Ob diese im realen Leben eines Organismus je gebraucht werden, ist völlig offen. Ähnlich verhält es sich bei den Genduplikationen. Sie können zwar für die Gendosis eine meist unerwünschte unmittelbare Rolle spielen, ihr langfristiger Zweck besteht jedoch darin, das Repertoire an möglicher Bedeutungszuteilung in einer zunächst völlig offenen Richtung zu erhöhen. Man weiß zum Beispiel, dass die Familie der Gewebsantigene, von welchen jeder Mensch ein verschiedenes Muster ausprägt und die Familie der Immunglobuline, ihre Klassen und Subklassen, aus sukzessiven Duplikationen eines Gens für das sog. Haptoglobin hervorgegangen ist. Das Haptoglobin, ein Protein das erstmals bei Weichtieren (zB. Schnecken) auftaucht, hatte die Aufgabe, veränderte und deshalb funktionsuntüchtig gewordene Eiweißstoffe abzubauen, vergleichbar einer Verschrottungsfirma, die Fahrzeuge ohne gültige Zulassung aus dem Verkehr zieht. Die Vervielfachung dieses einzigen Gens hat also die Möglichkeit eröffnet, dass daraus im Laufe der Zeit völlig neue und unvorhergesehene Funktionen entstanden. Oftmals jedoch bleiben die Mutationen und Genduplikationen ungenutzt liegen, vergleichbar einem genetischen Misthaufen, der darauf wartet, dass aus ihm bei Gelegenheit da und dort Neues sprießt. So erhöht dieser „Misthaufen" die Möglichkeit zur freien Kombination genetischen Materials.

Die *reale Variabilität* betrifft den horizontalen Austausch genetischer Information, wie er schon bei Bakterien durch Bakteriophagen – eine Bakterien infizierende Virenart – und sog. Plasmide, das sind vom genetischen Hauptstrang abgelöste und selbständig gewordene ringförmige Genschnipsel, stattfindet. Aufgrund einer solch horizontalen Übertragung genetischen Materials kann zum Beispiel plötzlich eine Antibiotikaresistenz auftreten. Virusinfektionen mit den sog. Retroviren tragen auch zur Anreicherung der Genausstattung von Mehrzellern bei, freilich nicht ohne zugleich ein Risiko für die befallenen Organismen zu beinhalten. Schließlich können sogar Bakterien die kernhaltigen Zellen befallen und ihr genetisches Material übertragen. Zellorganellen, wie die Chloroplasten und Mitochondrien, entstammen ursprünglich solchem Bakterienbefall, durch welchen die kernhaltigen Zellen mit innovativem Know-how ausgestattet wurden.

Diese horizontale Variabilität ist real, weil nicht, wie im imaginären Fall, bedeutungsfreie sondern bereits mit Bedeutung aufgeladene Information übertragen wird. Geradezu zum Prinzip erhoben wird diese reale Variabilität im Falle einer diploiden genetischen Ausstattung, wie sie alle sich paarenden höheren Organismen aufweisen. Sie erlaubt, dass jedes Individuum seine individuelle genetische Ausstattung durch das Elternpaar übertragen bekommt.

21

Darüber hinaus kommt es während der Reduktionsteilung, welche Ei- und Samenzellen betrifft, zu einem massiven Austausch von genetischem Material innerhalb der einzelnen doppelt vorhandenen Chromosomen, sodass keine Eizelle und keine Samenzelle, auch wenn sie vom selben Organismus stammt, einander gleicht.

Die Unterscheidung von imaginärer und realer Variabilität erinnert uns an die imaginäre und reale Achse des Zahlenstrahls, die Gauß eingeführt hatte, um die komplexen Zahlen in einer Ebene darzustellen. Ebenso besitzt unsere genetische Ausstattung eine imaginäre und eine reale Achse, auf welcher gleich der Mannigfaltigkeit von Zahlen die genetische Variabilität eingetragen ist und welche im Laufe der Evolution auf komplexe Weise zusammenarbeiten. Damit haben wir eine neue Perspektive gewonnen, um das evolutionäre Geschehen zu deuten. Jedes reale lebensfähige Individuum entsteht aus der Interaktion – mathematisch gesprochen, aus einer Multiplikation - komplexer Vorgegebenheiten.

Die Frage ist nicht, ob die Evolutionstheorie wahr ist, sondern ob unser Blickwinkel vielleicht durch eine Fixierung auf das Vorhandene eingeschränkt ist. Wir müssen zur Kenntnis nehmen, dass genetische Information nicht per se als bedeutungstragende vorhanden ist. Sie ist zunächst nur bedeutungsfrei als Folge von Basenpaarungen gegeben. Bedeutung erlangt sie erst, wenn diese Basenfolgen in eine sinnvolle, funktionstragende Aminosäurensequenz, zB. in Form eines Enzyms, übersetzt werden. Die Mutationen, Genduplikationen und der virale Datentransfer erhöhen zunächst nur das Repertoire an möglicher Information, aus welcher die Umwelt ihre Auswahl trifft. Es ist wie beim Kauf am Markt: Das Genom bietet eine Vielfalt an „Waren" an, aus welcher die Umwelt als „Käufer" ihre Auswahl trifft. Und so wie beim Kauf profitiert davon nicht nur der Käufer, sondern ebenso der Produzent der Ware. Diese Übereinstimmung gelingt durch eine gegenseitige Wertgebung. Das heißt, es geht nicht nur um Eigennutz, wenn eine Eigenschaft, wie zB. eine neue Nische oder eine neue körperliche Ausstattung, dem eigenen Überleben dient, sondern es geht auch um die Einfügung der neu erworbenen Eigenschaften in ein Naturganzes, vergleichbar dem über Staatsgrenzen hinweg agierenden Wirtschaftsleben. Alles, was von Bestand ist, muss das Siegel des Bedeutungsvollen tragen.

Die geltende Anschauung von Evolution hat es versäumt den bedeutungsfreien komplexen Bereich als Ausgangspunkt des Entwicklungsgeschehens zu betonen. Eine Wahl kann immer nur aus einem komplexen Repertoire an Möglichkeiten getroffen werden, dessen Potential das tatsächlich Vorhandene bei weitem übertrifft. Jeder evolutive Schritt hebt einen kleinen Bereich der komplexen Vorwelt in die Wirklichkeit, indem er ihn mit Bedeutung versieht. Genauso „arbeitet" auch das Immunsystem, wenn es mit jedem aktuellen Antikörper eine Auswahl aus einem potentiell nahezu unendlichen Repertoire trifft. Im Nicht-Vorhandenen aber dennoch in der Möglichkeitsform Gegebenen liegt der verborgene Ursprung der Evolution. Mit jeder Wertzuweisung entsteht „etwas" aus „nichts".

Kehren wir zu Russell und Spencer-Brown zurück. Ihm gelang es, mithilfe der Formel x = -1/x die paradoxe negative Selbstbezüglichkeit zu formalisieren und mithilfe der imaginären Zahlen aufzulösen. Genau diese negative Selbstbezüglichkeit finden wir wieder im Immunsystem und im Marktgeschehen, wo sie beispielhaft hervortritt: Korallen tasten ständig ihre Außenhaut auf eine mögliche Veränderung ab. Indem sie das tun, entfalten sie eine selbstbezügliche Aktivität. Da dieser Selbstbezug aber im Regelfall ohne Wirkung bleibt, kann von einer negativen Selbstbezüglichkeit gesprochen werden. Diese stumme Selbstbezüglichkeit wird durchbrochen, wenn eine Fremdstruktur in der Außenhaut auftaucht. Das heißt, das imaginäre Geschehen wird in die reelle Ebene hinaufgehoben. Das entspricht einer Multiplikation von imaginärem und reellem Zahlenstrahl, welche zu einer komplexen Zahl führt, die zwischen beiden Zahlenstrahlen angesiedelt ist. Dasselbe Prinzip finden wir im humoralen Immunsystem: Vorgeburtlich kommt es zu einem Selbstbezug, wenn die Immunglobuline sich gegenseitig stimulieren. Dieser Selbstbezug wird negiert, wenn sich die selbstbezügliche Mannigfaltigkeit so ausgedünnt hat, dass die selbstbezügliche Reaktion unter die Schwelle der Wechselwirkung fällt. Die negative Selbstbezüglichkeit wird durchbrochen, wenn von außen eine Struktur eindringt, die dem stummen Abbild innerer Selbstbezüglichkeit entspricht. Wieder kommt es zu einer Multiplikation in der Zahlenebene. - Im Marktgeschehen besteht die negative Selbstbezüglichkeit darin, dass sich Wert und Gebrauchswert einer Ware auf verborgene Weise ineinander spiegeln, so lange bis ein Käufer den Markt betritt. Im Wege des Handels multipliziert der potentielle Käufer den imaginären Wert der Marktware mit dem von ihm vorgestellten Preis. Daraus resultiert der wahre Preis als komplexe Größe.

Ein der Evolution vergleichbares Problem ist mit der Quantentheorie zum Vorschein gekommen: Niemand bezweifelt, dass sie wahre Ergebnisse liefert, aber schon Einstein wollte nicht glauben, dass sie vollständig sei.

(4) Der Messprozess in der Quantentheorie

Das Immunsystem gestattete uns einen erweiterten Blick auf die Evolutionstheorie zu werfen, der auch für die Quantentheorie relevant sein könnte. Wir werden sehen, dass in beiden Fällen die Berücksichtigung des imaginären Bereiches der entscheidende Faktor für ein vollständigeres Verständnis ist.

Wir haben gesehen, dass die Antikörpermannigfaltigkeit eines Organismus nicht von den Eltern auf die Tochtergeneration übertragen wird, sondern während der Embryonalentwicklung je neu entsteht. Es handelt sich sozusagen um eine Evolution im Zeitraffer. Dabei sind wir auf eine imaginäre Phase gestoßen, die bislang im makroevolutiven Geschehen offenbar unberücksichtigt geblieben ist. Das hat damit zu tun, dass das Unwirkliche und Wertlose keine Beobachtung zulässt. Es ist die Beobachtung selbst und das mit ihr eingeführte Messinstrument, welche das Unwirkliche und Wertlose in die Wirklichkeit und Wertgegebenheit überführt. Es resultiert das Messergebnis als werthaltige Tatsache. Die messend und wägend vorgehende Naturwissenschaft ist von Messergebnissen abhängig, ohne welche Naturwissenschaft im objektiven Sinn nicht möglich ist. Es verwundert daher nicht, dass der imaginäre Bereich kein Gegenstand der Naturwissenschaft sein kann und dass er infolgedessen bisher unberücksichtigt geblieben ist.

Tatsächlich ist jedoch alles Wirkliche aus einer Unwirklichkeit und Wertlosigkeit erwählt worden. Sie repräsentiert gleichsam ein Nichts, aber doch nicht eine absolute Leere, sondern ein Nicht-Erscheinen, etwas, das unseren Sinnen und Messinstrumenten nicht zugänglich ist. Wo in der kosmisch-physikalischen Evolution ist dieses Nichts versteckt? Gehen wir ganz an den Anfang zurück, dann stoßen wir auf den sog. Äther. Zurecht musste ihn die Naturwissenschaft mit Einstein abschaffen, denn es war unmöglich mit messenden Methoden, zB. mittels des Michelson-Morley Experiments, einen Äther nachzuweisen.

Andererseits hat Einstein selbst beim Entwurf der Allgemeinen Relativitätstheorie einen Äther wieder eingeführt. Denn er musste dem leeren Raum physikalische Eigenschaften zuschreiben, zB. eine Raumkrümmung R, einen Tensor, der einem dem Raum eingeprägten Potential entsprach. Während Einstein auf diese Weise den Äther wieder einführte, machte er gleichzeitig darauf aufmerksam, dass auf ihn unterscheidbare Zustände im Sinne von Ruhe und Bewegung nicht anwendbar seien.[2] Das verlangte seine Spezielle Relativitätstheorie.

Für uns ist eine Entität, die weder in Ruhe noch in Bewegung ist, nicht vorstellbar. Etwas ist entweder in Ruhe oder in Bewegung, aber nicht keines von beiden. Das gilt auch für Relativbewegungen: Ohne Bezugspunkt können wir nicht von Bewegung sprechen. Welcher aber der Bezugspunkt sein soll, ist eine Angelegenheit der freien Wahl. Damit stoßen wir wieder auf jene imaginäre, unwirkliche Ebene, die einer beliebigen Wirklichkeit vorgelagert ist. Auch die Quantentheorie kennt eine solche Ebene. Sie ist in der Wahrscheinlichkeitswelle repräsentiert, der auf subatomarer Ebene die physikalischen Teilchen gehorchen. Erwin Schrödinger (1887-1961) hatte sie noch als Psi-Welle identifiziert, die seiner Vorstellung nach einer der Physik vorgelagerten Wirklichkeit entsprach. Max Born (1882-1970) hatte selbst diese Vorstellung in Frage gestellt und ihr nur mehr einen mathematischen Formalismus ohne korrespondierende Wirklichkeit zugebilligt. Genau das trifft auch zu, wenn wir zur reellen Zahlenachse eine imaginäre einführen. Die imaginären Zahlen liegen in einem der Wirklichkeit vorgelagerten Bereich. Für sie gelten andere Rechenregeln. Unter anderem kennt die imaginäre Ebene keine definierbare Zahlenfolge; die imaginären Zahlen sind sozusagen über einen Bereich verschmiert und nicht als bestimmte Größen definierbar. Genau das trifft zu, wenn wir der subquantischen Wahrscheinlichkeit gerecht werden wollen: die Teilchen sind im vorwirklichen Zustand über ihre Orbitale verschmiert. Erst mit unserer sinnlichen Beobachtung und Messung wird das Unwirkliche in die Wirklichkeit gehoben. Mathematisch handelt es sich um einen Vorgang der Drehung und Streckung innerhalb der Zahlenebene. Will man diesem mathematischen Gesetz eine Wirklichkeit korrespondieren lassen, dann stoßen wir mit der Drehung auf den „Spin", der untrennbar mit der Wirklichkeit eines Teilchens verknüpft ist. Ebenso mit der Entstehung von Teilchen verknüpft ist die „Expansion" als Äquivalent der Streckung.

Nun vergleichen wir das mit dem biologischen Geschehen. Die Kernsubstanz jeder Zelle, alles Lebendigen, ist durch die DNS repräsentiert. Man spricht von einem Code, der in der Abfolge der Basenpaare verschlüsselt ist. Man spricht von einer Boten-RNA, die die verschlüsselte Botschaft aus dem Kern hinausträgt und man spricht von einer Entschlüsselung bzw. Übersetzung dieser Botschaft in eine Sequenz von Aminosäuren, die ihrerseits unter gegebenen Randbedingungen eine Funktion erfüllen. Das alles ist seit den 50-er und 60-er Jahren des vergangenen Jahrhunderts bekannt und als eine der größten Forschungsleistungen der Menschheit anzusehen. Was hier auffällt ist, dass nicht mehr von Materie im eigentlichen Sinne die Rede ist, sondern von Begriffen aus der Informationstheorie. Die Zuordnung und Abfolge der Basenpaare beherbergt ihrem materiellen Substrat nach überhaupt keinen Code oder eine Botschaft. Hier gelten schlicht die Gesetze von Zufall und Notwendigkeit wie sie dem molekularen Stoffwechsel nach thermodynamischen Gesetzen eigentümlich sind. In diesem Sinne sind die Molekülstruktur und ihre Veränderungen überhaupt nicht „lebendig". Lebendig werden sie erst, wenn ihnen eine Bedeutung – ein Code - angeheftet wird. Damit ist ein kritischer Übergang verbunden. Die Molekülstrukturen und ihre Veränderungen bilden nur das notwendige Substrat für eine Bedeutungserteilung und Wertzuschreibung, die von außen (von der Umwelt) erfolgen muss. Wenn man den Sprung, der mit der Bedeutungserteilung verbunden ist, übersieht, dann begeht man einen Kategorienfehler.

Dieser Sachverhalt ist es Wert in seiner größten Allgemeingültigkeit betrachtet zu werden. So wie das Netzwerk der vorgebildeten Immunglobuline aus sich heraus wertfrei ist und so wie die Ware am Markt vor dem Kauf („proemial") ohne Wert ist, so sind auch die Molekülstrukturen und ihre Veränderungen aus sich heraus ohne Wert – bedeutungsleer. Erst das von außen eingebrachte Antigen, erst der von außen auf dem Markt auftretende Käufer – und wir können jetzt ergänzen: erst die von außen mittels Messinstrument eingeführte Beobachtung – verleiht aus sich heraus dem vorhandenen Substrat Wert und erzeugt auf diese Weise überhaupt erst einen vorhandenes Ding. Die wertfreie Molekülstruktur und alle anderen wertfreien Gegebenheiten besitzen nur imaginären Wert und sind insofern der Sphäre der Unwirklichkeit zuzurechnen. Will man sie als eigene Gegenstände – Objekte – anerkennen, dann kann das nur aus der Perspektive einer unterliegenden Ebene geschehen. Das ist im Falle des Marktes die Produktionsebene in der Fabrik, im Falle der Molekülstrukturen das atomare und thermodynamische Synthesegeschehen, im Falle des Immunnetzwerkes die embryonale Entwicklung und im Falle der ponderablen Materie und der ihr korrespondierenden Energien die kosmische Entwicklung insgesamt.

Der entscheidende Punkt in der Genese von Wirklichkeit und der Unterscheidung von Wirklichkeitsstufen ist die Wertzuschreibung, d.h. die Einbringung einer positiven Beziehung, ein Geschehen, das die unabdingbare Vorbedingung jedweder Wirklichkeit ist.

Emergenz und Transzendenz

Bisher war im Zusammenhang mit der Evolution nur von Emergenz die Rede. Alle neuen, zuvor nicht vorhandenen Eigenschaften sollten damit erfasst werden. Der Verhaltensforscher Konrad Lorenz verwendete dafür den älteren Ausdruck „Fulguration", der die Blitzartigkeit des Auftretens neuer Eigenschaften ausdrücken sollte. Eine solch einseitige Anschauung des Evolutionsgeschehens erwuchs aus der Tatsache, dass die imaginäre Ebene außer Betracht blieb. Nun aber habe ich an genügend Beispielen gezeigt, dass die imaginäre, unwirkliche Ebene einen integralen Bestandteil des Entwicklungsgeschehens darstellt. Der Hervorgang einer neuen Wirklichkeitsebene durch Wertzuweisung ist kein emergentes Geschehen mehr. Um die Überschreitung der Wirklichkeitsebene zu bezeichnen, ist der Ausdruck „Transzendenz" angemessen. Von emergenten Eigenschaften sollte nur die Rede sein, wenn die Wirklichkeitsebene nicht verlassen wird und sich infolgedessen alles im reellen Bereich abspielt. Dieser Bereich war bisher der einzig zugelassene.

Sowohl Emergenz als auch Transzendenz haben es mit grundsätzlich neuen Eigenschaften zu tun, die vordem auch nicht ansatzweise vorhanden waren. Der Unterschied liegt darin, dass Emergenz von innerhalb des Systems ausgeht, während Transzendenz von außen kommt. Ein weiterer Unterschied liegt in der angewandten Logik: Emergenz ist Ausdruck Boole'scher Logik, Transzendenz hingegen gründet auf dialektischer Logik. Emergenz und Transzendenz sind aber verschränkt, was zur Verwirrung beiträgt. Am Beispiel des Immunsystems etwa muss unterschieden werden zwischen der Aktivierung des ruhenden Immunsystems durch ein Antigen als transzendentem Übergang, und der Reifung sowie Stabilisierung der Immunantwort durch rückkoppelnde Mechanismen die emergent sind. Ähnliches gilt für die Evolution insgesamt. Wenn im Falle des Immunsystems das Antigen nicht von außen kommt, sondern vom eigenen Körper, dann kommt es zur Autoimmunreaktion und der Organismus zerlegt sich selbst. Daraus ist ersichtlich, wie wichtig es ist, dass das Immunsystem einen eigenen in sich abgeschlossenen Bereich repräsentiert, der nur von außen nicht aber von innen aktiviert werden darf. Dieser Aspekt, durch welchen sich Emergenz und Transzendenz unterscheiden, kann gar nicht genug betont werden. Ich komme im Zusammenhang mit der Frage künstlicher Intelligenz darauf zurück.

Mit dieser neuen Sichtweise erscheint die Evolution nicht mehr als kontinuierlicher Prozess, sondern wird zerhackt in Wirklichkeitsebenen, die durch imaginäre Ebenen der Unwirklichkeit getrennt sind. Die Evolution ist nicht einfach ein Ent-wicklungsprozess sondern in entscheidendem Maße auch ein von außen angestoßenes Schöpfungsgeschehen — eine Schöpfung aus dem Nichts einer Unwirklichkeit - das als transzendenter Übergang verstanden werden kann. Nach herrschender Anschauung war der Begriff Schöpfung, wenn überhaupt, nur dem sog. Urknall vorbehalten. Jene aber, die der Phase der kosmischen Expansion eine solche der kosmischen Kontraktion vorangehen lassen, sehen darin einen sich ewig wiederholenden emergenten Prozess. Ein Schöpfungsgeschehen oder ein Schöpfer ist für eine solche Anschauung nicht nötig.

Eine philosophische Betrachtung

Dieses Kapitel verdanke ich dem intensiven geistigen Austausch mit obgenanntem Walter Tydecks.

Es ist jetzt an der Zeit die empirische Ebene zu verlassen und die dargestellten Verhältnisse aus einer philosophischen Perspektive zu betrachten. Als „pars pro toto" möchte ich drei Gewährsmänner zitieren: Aristoteles, Hegel und Gotthard Günther. Auf Aristoteles geht der Hylemorphismus, auf Hegel der dialektische Systemgedanke und auf Günther die kenogrammatische Formalisierung zurück.

Aristoteles hat in seinem Buch „Meta ta physika", aus welchem unsere Metaphysik hervorgegangen ist, „Hyle" (Stoff) und „Morphe" (Form) unterschieden. Die Scholastiker des Mittelalters haben daraus die „Potenz – Akt" Lehre geformt. Man hatte in der Antike lange nach dem Urstoff gesucht und es wurden verschiedene Vorschläge gemacht. Zusammenfassend hatte Empedokles vier Urstoffe (Elemente) unterschieden: Feuer, Wasser, Luft und Erde. Aristoteles hat erkannt, dass nicht irgendein Element den Ursprung bilden konnte, sondern dass es sich um ein logisches Prinzip handeln musste. Demgemäß unterschied er Möglichkeit (potentia, dynamis) und Wirklichkeit (actus, energeia). Mit Möglichkeit – dynamis - ist eine mögliche Beziehung gemeint und mit Wirklichkeit – energeia - eine aktuell verwirklichte Beziehung. Die Beziehung ist nicht irgendein materielles Ding, sondern ein geistiges Prinzip. Den Übergang von Möglichkeit zur Wirklichkeit – also diese Verwandlung der Beziehung - formalisierte Aristoteles in seiner Ursachenlehre. Er unterschied vier Ursachen: die Materialursache, die Formursache, die Wirkursache und die Zweckursache. Die Formursache ist der entscheidende Punkt: mit ihr ist die eigentliche Verwandlung der Beziehung – der Schöpfungsakt – ausgedrückt. Die aristotelische Prinzipienlehre half der Scholastik das Wunder der Verwandlung von Brot und Wein in den Leib und das Blut Christi – die sog. Transsubstantiation –, wie überhaupt die theologische Sakramentenlehre zu formalisieren.

GWF Hegel hat in seiner „Phänomenologie des Geistes" sowie näherhin in seiner „Wissenschaft der Logik" (Bd. I und II) den dialektischen Systemgedanken entfaltet. Die Dialektik untersucht die Übergänge der logischen Beziehungen und bringt sie in ein System. Sie unterscheidet drei logische Momente – Einzelheit (E), Besonderheit (B) und Allgemeinheit (A) –

und beschreibt, wie sie im Rahmen logischer Aussagen zusammenwirken. Es gibt drei mögliche Verknüpfungen dieser dreigliedrigen Relation: E-B-A; B-E-A und E-A-B. Entscheidend ist die Position des Mittelbegriffs. Er bestimmt die Art der Logik: B als Mittelbegriff entspricht der Tautologie, E als Mittelbegriff der Homologie und A als Mittelbegriff der Analogie. Der Fortschritt der Erkenntnis hat nach Hegel mit der Umwandlung des Mittelbegriffs zu tun. Dabei kommt es zu einer doppelten Negation, die wie der Philosoph und Neurologe Jan Van der Meulen (1917-1969) zeigen konnte, in sich gebrochen ist: die erste Negation ist eine *bestimmte*, die zweite Negation ist eine *absolute*. Mit Durchführung dieser doppelten Negation gelingt der Übergang von einer Wirklichkeitsstufe in die nächsthöhere.

Ich möchte am Beispiel einer Antikörper-Immunantwort diese doppelte, in sich gebrochene Negation anschaulich machen. Wir haben festgestellt, dass während der Embryonalentwicklung durch gegenseitige Stimulierung im idio-paratopen Netzwerk die mögliche Antikörpervielfalt expandiert. Die gegenseitige Stimulation hört auf, sobald die Vielfalt so groß geworden ist, dass die Wahrscheinlichkeit für eine einzelne idio-paratope Wechselwirkung verschwindet. Das ist die erste Negation: den Wechselwirkungen, die die Vielfalt hervorgebracht haben, wird Einhalt geboten und sie verschwinden. Nach der Geburt – genau genommen schon beim Akt der Geburt – wird das in dieser ersten Negation sich in Ruhe befindliche Immunsystem dadurch geweckt, dass es mit Keimen der mütterlichen Scheide in Berührung kommt. Die Keime aktivieren die zur Ruhe gekommene Wechselwirkung wieder, indem ihre Oberflächenstrukturen sich nun, als wären es Paratope, den Idiotopen einiger bestimmter Immunglobulinklone präsentieren und sie aus ihrem Schlummer reißen. Damit wird im Säugling eine erste Immunantwort angestoßen. Diese Aktivierung entspricht der zweiten Negation. Mit ihr wird die imaginäre Ebene des Immunsystems durchbrochen und in die reelle Ebene einer Immunantwort übergeführt. Diese zweite Negation kann „absolut" genannt werden, weil sich in ihr ein Ebenensprung aus der Möglichkeit in die Wirklichkeit vollzieht: Der Säugling ist nun in der Lage sich gegen Krankheitskeime zur Wehr zu setzen und so sein Überleben zu sichern. Der logische Bruch – Philosophen sprechen von einer „Quaternio terminorum" - besteht darin, dass das Immunglobulin, das eine bestimmte Abwehr leistet, zwei Welten angehört: einerseits der Welt der imaginären Möglichkeiten, die im zur Ruhe gekommenen embryonalen Immunsystem stecken, andererseits der Welt der realen Wirklichkeiten, die während des Geburtsaktes in der Erwählung (der Selektion) zum Abwehrstoff steckt.

Es hat sich herausgestellt, dass solche Mechanismen des Übergangs aus einem Zustand der Möglichkeit in einen solchen der Wirklichkeit in der Natur allgegenwärtig sind. Immer geht es um das Prinzip der Bedeutungs- bzw. Wertzuschreibung, das einen Wandel im Beziehungsgefüge und damit eine vordem nicht vorhandene Wirklichkeit hervorruft. Erwähnt habe ich so unterschiedliche Phänomene wie den quantenphysikalischen Messprozess, das Marktgeschehen im Übergang von Produkt- zu Nutzwert, und die Verwandlung einer Molekülstruktur der Kernsubstanz in eine zu übertragende Botschaft.

Dialektisch gesprochen, ist es jedes Mal der gebrochene Mittelbegriff, in welchem die neue Wirklichkeit steckt. Weil dieses Prinzip in den unterschiedlichsten Kontexten dasselbe ist, deshalb haben wir ein *allgemeines* Prinzip vor uns. In der Mitte dieser logischen Form steht also das A der Allgemeinheit. Wir haben es demnach mit der logischen Figur E-A-B zu tun. Das ist die Figur der Analogie. Und in der Tat sind die verschiedenen erwähnten Kontexte, aus welchen neue Wirklichkeiten hervorgehen, durch die Logik der Analogie – durch diese Art von Ähnlichkeit – verknüpft. Die Ana-logie enthält beides: Sowohl eine Wiederholung als auch eine Neuschöpfung. Die griechische Vorsilbe „Ana" besitzt beide Bedeutungen, sowohl die Bedeutung von „wieder" als auch jene von „hinauf". Die Analogie repräsentiert die Logik der Schöpfung schlechthin. Damit verknüpft ist der Vorrang der Beziehung vor jedwedem Gegebenen.

Gotthard Günther ist es mithilfe der Kategorientheorie gelungen, diesen Prozess zu formalisieren. Er konnte zeigen, dass im Zuge des dialektischen Übergangs Relata und Relationen vertauschen.

Im klassischen zweiwertigen Denken können innerhalb einer Relation $R(x,y)$ lediglich die beiden Relata (die Aufeinander-Bezogenen, die Argumente x und y) miteinander vertauscht werden: Aus $R(x,y)$ wird $R(y,x)$. Dem entspricht auf der Zahlengerade die Unterscheidung in positive und negative Zahlen (aus x wird $-x$), auf dem linearen Weg das Vorwärts- und Rückwärtsgehen, in der gewöhnlichen Zeit die Vergangenheit und die Zukunft. Es ist dagegen nicht möglich, auch die Relation R mit den Argumenten x und y zu vertauschen, wodurch z.B. x(R,y) entstehen würde, weil es bei den transitiv geordneten Zahlen auf einer Zahlenachse nicht möglich ist, die Zahlenachse zu verlassen. Das gelingt erst mit der Einführung der imaginären Achse. Bei einer Vertauschung der Relation R mit den Argumenten x und y wird ein Argument x seinerseits zu einer Relation R und umgekehrt eine Relation R zu einem Argument x oder y. Auf den ersten Blick ist schwer zu verstehen, wie das möglich sein soll und was Günther damit meint, doch bringt er ein anschauliches Beispiel: In der Natur sind unterschiedliche Ordnungen ineinander verschachtelt. So kann ein Atom einerseits als eine Form verstanden werden, in der sich verschiedene Elementarteilchen miteinander verbinden und in eine Ordnung gebracht werden, und andererseits als der Stoff, aus dem in einem Molekül die Atome ihrerseits in eine Ordnung gebracht werden. Das lässt sich formalisieren:

$A = R(E_1, E_2)$

lies: das Atom A ist eine Relation der Elementarteilchen E_1 und E_2, aus denen es sich zusammensetzt.

Auf einer höheren Stufe sinken die Atome auf die Ebene der Relata:

$M = R(A_1, A_2)$

lies: das Molekül M ist eine Relation der Atome A_1 und A_2, aus denen es sich zusammensetzt.

In diesem Beispiel ist das Molekül gegenüber dem Atom eine höhere Ordnung (Meta-Ordnung), so wie eine Ebene tiefer das Atom eine höhere Ordnung gegenüber den Elementarteilchen ist. Wesentlich ist für Günther die Einsicht, wie sich in diesem Beispiel die Argumente und Relationen vertauschen: Das Atom wechselt aus der Position als eine Relation in die Position als ein Element.

Üblicherweise betrachtet man die imaginäre Präformierung als zweckmäßiges Produkt der Evolution im Kampf uns Dasein. Alles spielt sich nach dieser Anschauung im Realbereich ab. Hier gilt nur die Boole'sche Schaltalgebra, die im Beispiel des LAC Operons auf der Allosterie des Repressorproteins, im Beispiel des Immunsystems auf der Spezifität des Immunglobulins aufruht. Man übersieht dabei die Bedeutungserteilung, die im Code des DNS-Fadens vorgebildet ist. Der DNS-Faden ist schon bei diesem Bakterium in der Lage mehrere Metaebenen zu tragen, zunächst die Metaebene des genetischen

Codes überhaupt und sodann die Metaebene der bedeutungsvollen Anordnung der Gene, die zur Unterscheidung Regulator-, Operator-, und Strukturgen im Rahmen des LAC Operons führt. Der DNS Faden höherer Organismen, und erst recht des Menschen, vereinigt noch viel mehr Metaebenen, die sukzessive in der Ontogenese aktiviert werden. Jeder Metaebene geht ein Möglichkeitsraum und eine Proemialrelation voraus, die den nächsten dialektischen Schritt – die nächste Ver-wirklichung einer imaginären Präformierung – vorbereitet. Dabei gibt es eine Rückkoppelung wann welche Schritte aufeinander zu folgen haben.

Die heutige Naturwissenschaft übersieht völlig die Unterscheidung von imaginärer und reeller Ebene und spricht von Emergenz. Dadurch geht auch das dialektische Prinzip der Entwicklung verloren, wie zB. aus der Feststellung J. Monods hervorgeht: „La logique des systèmes biologiques de régulation n'obéit pas à celle de Hegel, mais à l'algèbre de Boole, comme celle des calculatrices".[3] (Die Logik der Systeme biologischer Regulation gehorcht nicht jener von Hegel, sondern der Algebra von Boole, wie jener von Rechenmaschinen). Im Grunde des dialektischen Prinzips west die Bedeutungserteilung als drittem Wert, welche den Übergang zwischen imaginärer und reeller Ebene leistet und deshalb einer „creatio ex nihilo" entspricht. Der Prozess der Evolution darf deshalb nicht nach dem Homologieprinzip als lineare Entwicklung verstanden werden, sondern muss, dem Analogieprinzip folgend, als schleifenförmiger Stufenprozess angesehen werden, der je aufs Neue (Ana) aus dem Nichts schöpft und es in die Wirklichkeit hinauf[ana]hebt.

Diesen Wechsel von einer Ordnung in eine höhere bzw. niedrigere Ordnung hat Günther, wie schon erwähnt, als Proemialrelation (proemial relationship) bezeichnet. 'Proemial' geht auf die aus dem Lateinischen stammende Wurzel *emo* zurück in der Bedeutung 'durch Kauf, Versteigerung oder Auktion erwerben' und verweist in der wörtlichen Übersetzung 'vor dem Kauf' auf den offenen Zustand, wenn eine Ware auf den Markt tritt und über eine Preisverhandlung ihren Käufer finden muss. Eine arbeitsteilige Ökonomie kann als ein Netzwerk verstanden werden in den drei Zuständen Produktion, Austausch und Konsum. Während Produktion und Konsum für sich jeweils eine transitive Ordnung zeigen, in der die Herstellung bzw. der Verbrauch sequentiell ausgeführt werden können, bewegt sich die Ökonomie im Zustand des Austauschs in einer imaginären Ordnung, in der sich erst zeigen muss, ob die Produzenten und Konsumenten zueinander finden und ein gesellschaftlicher Ausgleich aller Angebote und Nachfragen erzielt werden kann. In diesem Moment können Krisen auftreten wie die zyklischen Überproduktionskrisen im Kapitalismus oder Planungsfehler in sozialistisch oder staatlich organisierten Wirtschaften. Die Phase des Austauschs ist so gesehen eine dritte Ordnung gegenüber Produktion und Konsum, zwischen denen sie vermittelt.

Günther versteht die Phase des Austausches als eine kenogrammatische Struktur: »The proemial relation belongs to the level of the kenogrammatic structure because it is a mere potential«. (Günther 1970). „Kenos" (Griechisch) steht für „leer". Werden mit der Proemialrelation auf diese Weise kenogrammatische Leerstellen definiert, bezeichnen sie eine Ebene, die über die klassischen Aufteilungen in Relation und Relat hinausgreifen: Die Wandlung erfolgt im Innern der kenogrammatischen Leerstelle. Darum geht es Günther: Er möchte mit der Kenogrammatik die traditionellen Dualismen einer für ihn bis in die Metaphysik zweiwertigen Denkweise überwinden.

Günther sieht in den kenogrammatischen Leerstellen die kleinste Einheit einer Negativsprache, wogegen die üblichen Zeichen wie das Alphabet, die Satzzeichen und die Zahlen die kleinsten Einheiten der Positivsprache sind. Die Zeichen der Positivsprache sind die Werte, mit denen die Leerstellen der Negativsprache »gesättigt« werden können. So zu sprechen und zu denken ist suggestiv und erhellend, und geht weit über das Beispiel der Austauschphase hinaus. Es regt an, den Bruch zu verstehen, der an dieser Stelle erfolgt. Die Positivsprache ist für Günther der Bereich, in dem die zweiwertige Logik gilt. »Es ist das Kennzeichen der Positivsprache, dass sie zum Bestand der Schöpfung gehört. So wie die Wirklichkeit eines Tages als unbestreitbares Faktum brutum da ist, so ist auch 'das Wort' als zum Wirklichen gehörend mit ihm da.« (Günther 1979). Es kann auch als der kategoriale Bereich verstanden werden. Mit Kategorien sind seit Aristoteles die Grundelemente einer Positivsprache gemeint, in der sich ein erkennendes Subjekt mit einem von ihm erkannten Objekt zu treffen vermag. Mit der Negativsprache wird dieser Bereich verlassen und ein dritter Wert eröffnet. Günthers Unterscheidung in Negativ- und Positivsprachen möchte ich daher als Unterscheidung in Ordnungen des Möglichen und Wirklichen deuten. Das erinnert an die aristotelische Unterscheidung von „dynamis" und „energeia".

Für die Ordnungen des Möglichen kann in Anlehnung an Günther von negativen Ordnungen gesprochen werden. Innerhalb des Leeren sind Stufen zu unterscheiden. So wie Cantor zwischen Stufen des Unendlichen (den Mächtigkeiten) unterschieden hat, ist nach den Stufen des Leeren oder des Nichts zu fragen. Es gibt dann nicht nur *eine*, eindeutig und einmalig bestimmte transzendentale Logik, die allen gewohnten Logiken vorausgeht, sondern mehrere Stufen mit ihren jeweils spezifischen Mächtigkeiten. Ob diese sich auf vergleichbare Weise mathematisch beschreiben lassen wie die von Cantor eingeführten Kardinalzahlen, ist für mich offen. Aber es können z.B. Fragen gestellt werden wie: Aus welcher Stufe gehen Ordnungen wie der Goldene Schnitt hervor, die nicht nur in der Wirklichkeit nachgewiesen werden können, sondern eine eigene Kreativität (Fruchtbarkeit) entfalten und transzendental alle Möglichkeiten vorprägen, die mit ihnen gegeben sind? Wo hat die Negativität, aus der die Negativsprachen und das Nichts (*kenos*) der Kenogrammatik hervorgehen, ihrerseits ihren ontologischen Grund, wenn hier überhaupt noch von einem ontologischen Grund gesprochen werden kann?

Van der Meulen und Günther zeigen, wie dringend es ist, über Hegel unter Beibehaltung seines dialektischen Systemgedankens hinauszugehen. Wer in zweiwertiger Logik stecken bleibt, kann nicht wirklich eine Höherentwicklung begreifen. Alle Entwicklung stürzt vielmehr in eine Univozität zusammen, in welcher letztlich nur mehr Geist *oder* Materie gelten. In der Tat hat der dialektische Materialismus, indem er Hegel „vom Kopf auf die Füße stellte", genau denselben Fehler begangen, mit zweiwertiger Logik die Entwicklung von der Materie her darstellen zu wollen. Was nottut ist ein Rückgang zu Aristoteles, der mit „dynamis" und „energeia" bereits jene Prinzipien benannt hat, auf welchen aufbauend die mittelalterliche Scholastik die Inkarnierung des Logos (des göttlichen Wortes) in der Materie zu fassen vermochte. Was des Weiteren nottut ist, bezüglich der mit Kant und Hegel angebrochenen philosophischen Neuzeit, eine Anreicherung des dialektischen Systemgedankens mit dreiwertiger Logik, wie sie Van der Meulen und Günther näher ausgearbeitet haben. Auch Charles S. Peirce hat mit seiner dreistelligen Zeichenrelation vom Ontischen ausgehend diesbezüglich Vorarbeit geleistet. Ihre Transformation zu einer drei*wert*igen Logik ist aber erst Günther gelungen.

Damit habe ich bezüglich der Evolutionstheorie eine neue Perspektive aufgezeigt. Die Mechanismen von Mutation, Selektion und Retention bleiben gültig. Ihr empirischer Gehalt ist aber im Sinne einer dreiwertigen Logik zu überhöhen. Die Mutation betrifft die Anreicherung im Bereich der imaginären Vorstruktur. Die Selektion betrifft die Wertzuschreibung und entspricht der Drehung der imaginären Vorstruktur in die Realität samt dem damit verknüpften logischen Bruch und die Retention entspricht der Rückkehr der Realität in den imaginären Bereich, wo sie darauf wartet mit neuer Bedeutung ausgestattet zu werden.

Das Problem des „Quale"

Seit dem Aufkommen der Informationstheorie und ihrer Anwendung auf die empirischen Wissenschaften, hat sich die Frage gestellt – konkret im Bereich der Sinnesphysiologie und Bewusstseinstheorie, aber auch schon im Bereich der Quantentheorie und im Bereich zentraler Lebensfragen – wie neue Qualitäten hergeleitet werden können. Wie kann, zum Beispiel, erklärt werden, dass eine neurologische Erregung in Nervenbahnen und Nervenknoten, zu einer qualitativen Empfindung wie Farbe oder Schall führen? Oder woher kommen unsere Gefühle? Dass es eine Korrespondenz zwischen der Erregung von Gehirnarealen und Empfindungsqualitäten gibt, ist seit langem bekannt und u.a. mit den Namen Wernicke und Broca verknüpft. Wie aber soll der Übergang von einer bloßen Korrespondenz zu einer Transformation gedacht werden?

Der entscheidende Punkt ist die Anerkennung einer kenogrammatischen Leerstruktur, die eine eigene imaginäre Vorwelt repräsentiert. Bereits im Immunsystem haben wir eine solche Vorwelt kennengelernt, welche in dem zur wachsamen Ruhe gekommenen idio-paratopen Netzwerk der Immunglobuline besteht. Erst die „Befruchtung" von außen durch ein einfallendes Antigen generiert die konkrete Immunantwort, die das Immunsystem von nun an strukturiert und es in einen Zustand der Immunität überführt. Dieser Zustand beinhaltet eine eigene Qualität der Erkenntnis, der eine gewisse Zeit in einer erinnerbaren Prägung anhält und den Organismus in die Lage versetzt, ein innerliches Selbst von einem äußerlichen Fremden zu unterscheiden.

Diesen Mechanismus können wir der Analogie nach auf unser Gehirn als einem ebenfalls der Erkenntnis der Außenwelt dienenden System übertragen. Während der Embryonalzeit bildet sich unter dem Einfluss von Wachstumsfaktoren ein komplexes Netzwerk von neuralen Verbindungen aus. Ausgehend von konkreten Sinnesorganen erreichen die Nervenendigungen zugeordnete Nervenknoten und werden dort umgeschaltet zu Arealen, die mit anderen Sinnesorganen verknüpft sind, sowie zu den primären Rindenregionen, die ihrerseits über weitere Stufen vielfältig mit weiten Gebieten innerhalb unserer grauen Substanz assoziativ verbunden sind. Dieses komplexe Netzwerk ist im Embryonalzustand noch ohne die dafür zuständigen Synapsen, dafür aber sehr weitläufig miteinander verbunden. Erst die eintreffende sinnliche

Erregung – gegebenfalls schon im Mutterleib durch den mütterlichen Herzschlag – befruchtet dieses präformierte und weitläufig verbundene Netzwerk und sorgt in seinem Inneren für eine bevorzugte Bahnung, wobei andere miterregte Sinnesorgane zur Komplexität aktueller Bahnungen beitragen. Diese Prozesse entsprechen einer Zustandsänderung im Nervengeflecht, welche mit Erkenntnis – analog dem Immunsystem - verknüpft ist.

Der Übergang von Virtualität zu Aktualität entspricht dem Übergang von Möglichkeit (dynamis) zu Wirklichkeit (energeia). Die neue Wirklichkeit manifestiert sich im Quale. Gäbe es kein Quale, dann gäbe es auch keine neue Wirklichkeit. Denn was sonst sollte ihr Kennzeichen sein? Selbstverständlich ist dieser von den Sinnen ausgehende Übergang im Verknüpfungsgeschehen ein Sprung, der kausal nicht herleitbar ist. Es handelt sich ja um einen Übergang von einer imaginären Unwirklichkeit zu einer reellen Wirklichkeit. Es ist müßig, in der präformierten Leerstruktur nach etwas zu suchen, das dieser Wirklichkeit entspricht. Naturwissenschaftler sprechen in diesem Zusammenhang von Emergenz. Erst mit der Unterscheidung von imaginärer und reeller Ebene wird diese Emergenz als Transzendenz deutlich. Das neue Quale ist nicht etwas, was unter der Wasseroberfläche je schon vorhanden war und erst mit dem Auftauchen (dem Emergieren) sichtbar wurde. Vielmehr ist das Quale etwas, das völlig neu entstanden ist – eine Schöpfung aus dem Nichts. Das Verständnis für die „Qualia" ist intrinsisch verknüpft mit der Unterscheidung von imaginären und reellen Zahlen. Das wird nochmals deutlich beim quantenphysikalischen Messprozess: Das Teilchen ist innerhalb der Wahrscheinlichkeitswelle nirgends vorhanden. Es gibt nirgends ein Teilchen innerhalb der Welle, so wie innerhalb der imaginären Zahlen nirgendwo die reellen Zahlen verstreut liegen. Die imaginären Zahlen liegen auf einem anderen Zahlenstrahl, der mit dem reellen nur die Null – den Ursprung – gemeinsam hat. Der Übergang zur reellen Zahl erfolgt durch eine Drehung innerhalb der komplexen Zahlenebene. Diese Drehung kennt die Physik als „Spin", mit dem jedwedes Teilchen intrinsisch assoziiert ist. Der Spin und der mit ihm assoziierte Magnetismus ist das „Quale" physikalischer Teilchen. Wir begegnen ihm im gesamten Kosmos als Rotation des vierdimensionalen Raum-Zeit-Kontinuums. Würde der Kosmos auf irgend seiner Ebenen einmal aufhören zu rotieren, so würde diese Ebene augenblicklich in sich zusammenstürzen.

Das Leben seinerseits ist nichts anderes als eine Rotation – eine ständige Drehung im komplexen Bereich, ausgedrückt durch das Erlebnis der Qualia. Alles Leben ist Er-leben. Wenn es kein Erleben mehr gibt, ist das Leben zu Ende. Die in die Unwirklichkeit des Stoffes zurückgekehrte lebendige Substanz kann aber wiederbelebt werden, wenn „von oben" erneut ein Ruf erschallt. Dass er unserer Existenz vernehmlich werde, das schulden wir der in unserer Lebenszeit zu etablierenden imaginären – nur im Glauben herstellbaren - Vorstruktur, die uns diesen Ruf hörbar macht und so in unserem Leib ein neues „Quale" in der Metawelt des „Himmelreiches" hervorruft.

Die Liebe als Schöpfungsprinzip und die Frage der Seele

Als entscheidenden Schritt im Evolutionsgeschehen hatten wir die Wertzuschreibung erkannt. Dieser Akt muss stets von außen eintreffen: beim Immunsystem durch das von außen herangetragene infektiöse Agens (oder den Impfstoff), im „Kampf ums Dasein" durch die von außen herangetragene Gefahr, welche mit der Bewährung zugleich die Anerkennung des Organismus seitens der Umwelt bestätigt, auf dem Marktplatz der Waren die Wertzuschreibung seitens eines Käufers durch den erwarteten Nutzen, schließlich in der Symbiose die Wertzuschreibung seitens eines anderen Organismus, woraus sie gegenseitig Nutzen ziehen.

Statt Wertzuschreibung können wir auch das Wort „Liebe" im weitesten Sinne einsetzen. Denn was ist Liebe, nüchtern betrachtet, anderes als die Verleihung von Wert? Es ist das, was wir selbst von unserer Geburt, genau genommen von unserer Empfängnis an, erleben und ersehnen: angenommen zu sein, unabhängig von irgendwelchen Bedingungen. Die Frau als Mutter ist diejenige, die uns von Anfang an wertgeschätzt und geliebt hat. Von ihr haben wir alle gelernt, was es heißt, geliebt zu sein und erfahren wie sehr unser Selbstwertgefühl von dieser Liebe abhängig ist.

Wenn wir also nach der Analogie das Prinzip „Liebe", definiert als „Wertschätzung", als allgemeinen Mittelbegriff einsetzen, dann haben wir ein Schöpfungsprinzip vor uns, das nicht nur im menschlichen Kontext gültig ist, sondern welches bereits im Anfang der Welt – im Anfang all dessen, dem wir Realität zuschreiben – wirksam war. Wir sehen auch, dass schöpferische Liebe immer ein Gegenüber braucht. Selbstliebe und Autonomie bilden nur die logische Voraussetzung dafür, dass wir einem von außen herantretenden „Anderen" Wert zumessen, d.h. Wirklichkeit zuschreiben können.

Der österreichische Philosoph und Essayist Franz Schuh (geb. 1947) hat sich in der „Wiener Zeitung" unlängst mit dem Anfang bei Hegel auseinandergesetzt [4]):

„Man kann nicht mit dem Nichts anfangen, man kann aber auch nicht damit anfangen, dass schon etwas ist. Das heißt, schon in der Idee eines Anfangs ist die Vermittlung von Sein und Nichts enthalten." Das heißt: „Der Anfang ist die Einheit von Sein und Nichts!" In der Tat: Sein und Nichts sind durch keine zeitliche Unterscheidung geprägt. Man kann nicht sagen: Jetzt ist Nichts und im nächsten Augenblick ist Sein. Der Hervorgang selbst nämlich ist der Augenblick – das Jetzt - der Seinswerdung. Mithin ist die Seinswerdung außerhalb der Zeit. Genau dieser Umstand wird mit dem Ausdruck „Schöpfung" angezeigt. Die Evolution ist daher kein zeitlicher Prozess, wie immer suggeriert wird. Sie steht als Seinswerdung und Schöpfung außerhalb der Zeit. Nur zwischen den einzelnen Stufen der Schöpfung vergeht Zeit. Diese Stufen dauern so lange bis eine neue Schöpfung die vergangene Zeit tilgt und eine neue Zeit beginnt.

In der embryonalen Entwicklung sind diese Stufen extrem kurz. Deshalb reichen wenige Monate, um das nachzuvollziehen was im Laufe von Millionen Jahren, angefangen von den Einzellern, in ungezählten mehr oder weniger langen Stufenfolgen entstanden ist. In der Embryonalentwicklung ist die Zeit schlechthin getilgt, insofern jeder Augenblick zugleich ein Augenblick der Neuschöpfung ist. In ihr gibt es keine Vergangenheit und keine Zukunft sondern nur Folgen des Jetzt, im Sinne von Akten der Liebe und Wertgebung, die den Prozess der Höherentwicklung des Lebens ermöglichen.

Man kann den Anfang als die "Einheit von Sein und Nichts" formalisieren. Zeichnen wir ein Dreieck innerhalb der Zahlenebene, so hat die eine Seite (Kathete) die Länge 1,2,3…n und die zweite Seite (Kathete) die Länge i,2i,3i…ni. Um den Anfang darzustellen, müssen wir die Diagonale zwischen beiden Seiten, im Sinne der Vermittlung beider Zahlenstrahlen, bilden. Es stellt sich heraus, dass diese Länge immer den Wert Null hat, egal wie lange wir die (gleich langen) Katheten wählen. Das heißt die Vermittlung von Sein – dem reellen Zahlenstrahl – und Nichts – dem imaginären Zahlenstrahl – ergibt stets den Wert Null als dem Äquivalent für den Begriff „Anfang".

Um den Anfang (die Null) zu verlassen, müssen wir die Katheten – die wir nun als aufeinander normal stehende Basisvektoren im Hilbertraum betrachten - unterschiedlich lang wählen, was nichts anderes heißt, als dass wir ihre Symmetrie brechen, indem wir ein Ungleichgewicht erzeugen. Unter den unterschiedlichen Längenverhältnissen sticht eines heraus, weil es ein schöpferisches Prinzip beinhaltet: Aus Null wird Eins. Null und Eins sind die beiden wichtigsten Zahlen, die Null als Äquivalent für Nichts, die Eins als Äquivalent für Sein. Das Verhältnis des Goldenen Schnittes verwandelt die Null in Eins. Es ist das schöpferische Prinzip, das im Anfang steckt. Seine Formel lautet: $x + 1 = 1/x$, eine quadratische Gleichung mit den Lösungen $x_1 = 1.618…$

und $x_2 = -0.618...$ Man kann das graphisch darstellen mit 2 rechtwinkeligen Dreiecken, die eine gemeinsame Kathete der Länge 1 aufweisen und deren zweite Kathete x_1 (a) bzw. x_2 (b) entspricht. Schlägt man um sie einen Thales-Halbkreis, dann erhält man ein Dreieck dessen quadrierte Kathetensumme gleich ist dem quadrierten Kathetenprodukt ($a^2 + b^2 = a^2 \times b^2 = 5$). Fasst man die beiden Katheten als Vektoren auf, dann ergibt das Vektorprodukt einen Pfeil, der nach oben in eine dritte Dimension weist. Mit dem Goldenen Schnitt ist daher mathematisch die Generierung des dreidimensionalen Raumes verknüpft. Darüber hinaus ergibt die Multiplikation der beiden Lösungen ($x_1 x_2$) den Wert -1. Dies ist derselbe Wert wie die Euler'sche Identität $e^{i\pi}$, die ebenfalls -1 beträgt. Was hat das zu bedeuten? Es bedeutet, wenn man auf den Winkel zwischen Kathete und Hypothenuse des Goldenen Dreiecks die Euler'sche Formel anwendet und bis zum Winkel von 180° iteriert, dass sich so die Kontur eines Halbkreises abzeichnet.[5] Das wiederum bedeutet nichts anderes, als dass die natürliche Entwicklung des Goldenen Schnittes zu einer Einrollung führt und so die ungleich langen Basisvektoren zunächst einen Kreis mit Spin und darüber hinaus im selben Zuge, aufgrund der Identität von Summe und Produkt, ein 3-dimensionales kugelförmiges Teilchen entsteht, das als hervorstechendes Quale einen Spin ($\pm \frac{1}{2}$) aufweist. Nimmt man für den Goldenen Schnitt die komplexe Formulierung $x + 1 = -1/x$, dann resultiert anstelle eines Kreises eine Spirale, die man mit einem Photon assoziieren kann. In beiden Fällen ist es die gebrochene Mitte, welche den Übergang von Null (nihil) in ein Etwas (Quale) ermöglicht. Die messende Wissenschaft kann davon nur eine Quantität - das Quant – erfassen. Die Herkunft des Quale bleibt ihr verborgen.

Das imaginär präformierte System, nach Günther die kenogrammatische Leerstruktur, ist der Ort wo die Seele jeder Kreatur beheimatet ist. Der britische Physiker und Molekularbiologe Francis Crick (1916-2004), der Mitentdecker der Struktur der DNS, hat in seinem Buch „Was die Seele wirklich ist" (1997) bekannt, dass er eine Seele nicht gefunden habe. Und Juri Gagarin, dem ersten Menschen im All, wird der Satz zugeschrieben, er sei „im Himmel" gewesen und habe dort einen Gott nicht gefunden. Vielleicht haben sie ja an der falschen Stelle gesucht?

Die Seele ist mit den Methoden der Naturwissenschaft nicht zu entdecken. Denn sie ist nicht messbar. Es bedarf der Imagination eines von herkömmlichen Vorstellungen befreiten Geistes, um sie zu sehen. So wie Cardano in der Lage war, den Zahlenstrahl zu verlassen, um für unmöglich gehaltene Lösungen einer mathematischen Gleichung zu erfinden, so müssen wir die Wirklichkeitsebene verlassen, um jenes Prinzip zu finden, das allem Leben und aller Wirklichkeit zugrunde liegt.

Schon Aristoteles unterschied eine „anima vegetativa" der Pflanzen, eine „anima sensitiva" der Tiere und eine „anima rationalis" des Menschen. Anima – die Seele – ist im Leben also allgegenwärtig, wenngleich in unterschiedlicher Ausprägung. Nach gewonnenem Verständnis dürfen wir sogar von einer „anima universalis" des Universums sprechen, die physikalisch in der Rotation steckt, aus welcher Masse und Magnetismus hervorgehen. Jede Seele beinhaltet die „Drehung" einer Ebene der Unwirklichkeit auf eine höhere Ebene der Wirklichkeit. Riemann hat diese Drehung anschaulich als Spirale begriffen. Jeder Gang der Spirale beinhaltet eine Art Wiederkehr auf einer höheren Ebene der Wirklichkeit. Der Vergleich mit der Spirale hinkt freilich, denn es gibt keinen steten Übergang zwischen den verschiedenen Ebenen der Wirklichkeit, wie er bei einer Spirale durch die Kontinuität des Bandes gegeben ist. Vielmehr setzt jede Wiederkehr einen Sprung über ein Nichts – eine Unwirklichkeit – hinweg voraus. Da diese Sprünge den eigentlichen Lebensvollzug darstellen, können wir sagen, dass die Seele dem Lebendigen innewohnt, aber nicht nur dem im engeren Sinne Lebendigen, sondern bereits der Schöpfung insgesamt. Schöpfung ist gleichbedeutend mit der Aktivierung eines Daseinsprinzips. Das ist es, was wir bisher glaubend bekannten: Schöpfung ist der Akt der Ver-Wirklichung im Sinne der Inkarnation eines geistigen Prinzips, das sich mit dem Übergang – der Transzendenz – aus einer Unwirklichkeit vermittels „Liebe" in eine neue Wirklichkeit vollzieht. Dieses geistige Prinzip wird Seele (anima) genannt, hervorgerufen durch den „animus" (den Hauch) eines Mannes im Schoß (der „Anima") einer Frau. Logisch betrachtet ist jeder Sprung ein Hinaufgehobensein und ein wiederkehrendes Auftauchen des einen und einzigen Logos – eine Ana-Logie in ihrer doppelten Bedeutung von „wieder" und „hinauf".

Die vorerwähnte russische Avantgarde um ihren Repräsentanten Velimir Chlebnikov hat diesen Zusammenhang schon vor 100 Jahren ahnungsvoll erschaut und literarisch umgesetzt.

Das Bewusstsein

Neben der Frage nach der Seele und der Herkunft der Sinnesqualitäten ist die Frage nach dem Bewusstsein die dritte große Frage, die mit dem Lebendigen verknüpft ist und welche die Naturwissenschaft bisher vergeblich zu beantworten suchte. Noch vor wenigen Jahren bekannte der britische Philosoph Colin McGinn (geb. 1950) in seinem Buch „The problem of consciousness": „Wir haben lange versucht das Körper-Geist-Problem – diesen Dualismus – zu lösen, haben aber noch immer keine Vorstellung davon, *wie das Wasser des physikalischen Gehirns in den Wein des Bewusstseins verwandelt wird.*" Bewusstsein kann weder durch Introspektion noch durch die streng funktionale Analyse neuronaler Netzwerke ergründet werden. Philosophen sprechen von einem Kategorienfehler, wer das versucht.

Eng damit verbunden ist die Frage, ob Maschinen – Roboter – je so konstruiert werden können, dass ihnen Bewusstsein eignet. Die herrschende Meinung ist optimistisch und vermutet lediglich ein Problem der Komplexität. Gotthard Günther, der Entdecker der Kenogrammatik, war da anderer Meinung.

Goldammer [6]) hat erst jüngst diese Frage aufgegriffen und allen Bemühungen ein Bewusstsein zu konstruieren eine Absage erteilt. Er weist darauf hin, dass ein solche Bewusstseinsmaschine in sich geschlossen sein müsste. Das heißt, sie müsste in der Lage sein, sich selbst von der Umgebung abzugrenzen, sonst könne es passieren „dass die Maschine die Schrauben im Werkzeugkasten mit jenen verwechselt, aus welchen sie selbst besteht, und sich infolgedessen selbst zerlegt". Grundlage für diese Insichgeschlossenheit ist das Vorhandensein eines imaginären Netzwerkes mit einer Leerschriftstellenstruktur innerhalb der Maschine, so wie das ja auch beim Immunsystem der Fall ist, das demzufolge – beginnend von den einfachsten Organismen, den Hohltieren (Korallen) – mit einem Erkennungssystem von Selbst und Fremd ausgestattet ist. Das Problem ist, dass man digital kein *imaginäres* neuronales Netz konstruieren kann, und zwar deshalb nicht, weil die Folge von Nullen und Einsen prinzipiell real ist. Deshalb ist für mich klar: Solange wir digital oder sonstwie nicht in der Lage sind, ein imaginäres neuronales Netzwerk herzustellen, bleibt die Hoffnung auf eine bewusste Maschine unerfüllbar, egal wie komplex ihre Zusammensetzung auch sein mag.

Während die westliche Kultur bisher vergebens aus einer Beobachterperspektive das Bewusstsein erforscht hat und für immer außerstande sein wird, ausgehend von ihren Voraussetzungen – der *Abstraktion* von Bewusstsein, die dem Beobachterstatus innewohnt – es nachzubilden, hat es die östliche Philosophie, der Buddhismus, längst für sich entdeckt und fruchtbar gemacht. Die *Technik* des Buddhismus ist die Meditation. Meditation heißt Versenkung in das Bewusstsein und dessen Erweiterung hin bis in die Unendlichkeit – das Nirwana. Nirwana ist der Zustand des reinen Bewusstseins, unberührt und unaffiziert von den Fährnissen einer Außenwelt – in sich geschlossenes Innensein. In diesem Zustand hat der Meditierende von der Außenwelt völlig abstrahiert und ist in jene imaginäre Leerstruktur eingetaucht, in welcher das Bewusstsein seine Quelle hat.

Die buddhistische Philosophie Nagarjunas hat die imaginäre Leerstruktur logisch zu fassen versucht. Demnach kann die Wahrheit dieser Leerstruktur durch ein Tetralemma ausgedrückt werden, in welchem die folgenden vier Aussagen gleichermaßen gültig sind:

A ist wahr; A ist falsch; A ist wahr und falsch; A ist weder wahr noch falsch.

Unserem westlichen Denken erscheint eine solche Logik unsinnig. Sie beschreibt aber genau ein imaginäres System, dessen Unaussagbarkeiten verschränkt sind. Das ist der Grund, warum wir auch die Quantenphysik mit unserer westlichen Logik nicht verstehen können.

Wenn wir begreifen, dass das Einzelbewusstsein seine Quelle in einem imaginär verschränkt präformierten System hat – also in dem, was der Buddhismus meditativ erforscht, und wenn wir begreifen, dass die reale Außenwelt ihre Quelle in einem außerweltlichen Schöpfungsakt hat, dann sind wir bei Leibniz angekommen, der mit seiner Monadologie imstande war beide Sichtweisen zusammenzudenken.[7]

Als letztes möchte ich versuchen, auf Basis des bisher Gesagten, jene minimale Einheit – Monade - zu definieren, für welche der Terminus Bewusstsein angemessen ist.

Wir haben schon gesehen, dass diese minimale Einheit in sich geschlossen sein muss, und das trifft ja auch für die Leibniz'schen Monaden zu. Aber das reicht nicht aus. Denn in sich geschlossen ist auch das idio-paratope Netzwerk des

Immunsystems oder das der Sinneswahrnehmung dienende vorsinnliche synaptische Netzwerk in den primären Rindengebieten, ohne dass die Aktivierung dieser Netzwerke durch die entsprechenden von außen kommenden Eindrücke von Bewusstsein begleitet wären.

Meine These ist, dass die Konditionierung die einfachste Form von Bewusstsein erzeugt, und zwar in Form einer *Erwartung*. In der Erwartung besteht das ursprüngliche Quale des Bewusstseins. Häufig liegt die Erwartung in einer Belohnung oder einer Bestrafung. Die Belohnung wird mit Vorfreude, die Bestrafung mit Angst erwartet. Beide, Vorfreude und Angst, sind Bewusstseinszustände. Alle Organismen, die konditionierbar sind, verfügen auch über die Fähigkeit zu erwarten und damit über Bewusstsein. Diese Befähigung haben bereits Bienen. Was geht dabei im neurologischen Netzwerk des zentralen Nervensystems vor sich? Was spielt sich während einer Konditionierung ab? Eric Kandel, ein US-amerikanischer Neurologe mit österreichischen Wurzeln, hat das Prinzip neurologisch aufgeklärt, nachdem Konrad Lorenz die verhaltensbiologischen Grundlagen dafür geliefert hatte. Beide wurden mit dem Nobelpreis für ihre Forschungen ausgezeichnet.

Für eine Konditionierung – die sog. bedingte Reaktion - werden zwei *beliebige* sinnliche Reize benötigt, die in zeitlicher Folge assoziiert sind. Neurologisch ist hiefür, neben der sinnlichen Wahrnehmung selbst, eine Gedächtnisfunktion erforderlich, die ihrerseits nur jene Wahrnehmungen speichert, die auch emotional bewertet sind, d.h. die einen Reiz darstellen und zu einer Handlungsfolge antreiben. Geht einer solchen Wahrnehmung in konstanter Weise irgendeine andere Wahrnehmung voran, die nicht in gleicher Weise emotional bewertet ist, dann wird diese Wahrnehmung zum Prädikator für den Reiz und bekommt so den Status eines Symbols, das den Reiz ersetzen kann. Damit diese Zuordnung ins neurologische Netzwerk aufgenommen werden kann, muss eine inaktive vorbestehende synaptische Verknüpfung zwischen den beiden Wahrnehmungen aktiviert werden. Das geschieht durch Ausschüttung von entsprechenden modulatorischen Transmittermolekülen. Da jedwede an sich neutrale Wahrnehmung zum Prädikator werden kann, bedeutet das, dass die den Wahrnehmungen zugrundeliegenden Verbindungen ihrerseits unter sich in stiller, inaktiver Form vollständig synaptisch vernetzt sein müssen. Das Prinzip besteht darin, dass zwischen den sensorischen Neuronen modulatorische Neuronen eingefügt sind. Lernen führt zur

Aktivierung der modulatorischen Neuronen, wodurch die Verknüpfung zwischen den sensorischen und den motorischen Neuronen gestärkt wird. Das hat Eric Kandel in seinen Forschungen am vergleichsweise einfachen Studienobjekt der Meeresschnecke zeigen können. Darüber hinaus muss diese zeitliche Zuordnung selbst ins Gedächtnis aufgenommen werden. Dafür ist eine mindestens zweifache Präsentation des zeitlichen Zusammenhangs vonnöten. *Das Gedächtnis für erwartbare zeitliche Zuordnungen erscheint als Bewusstsein.* Die Vorsilbe „Be" trägt dem intentionalen, in die Zukunft weisenden Charakter dieses Wissens Rechnung. Nirgends wird dieser zukunftsweisende Charakter deutlicher als im Gefühl der Angst, das bei operanter Konditionierung durch Bestrafung auftritt. Das Bewusstsein schließt die Lücke zwischen dem bedingten und dem unbedingten Reiz. Zwar beinhaltet auch das autobiographische Gedächtnis eine zeitliche Zuordnung der Aufeinanderfolge von Erlebtem. Sie bezieht sich jedoch auf Vergangenes und dieses Wissen kann daher auch von einem Computer simuliert werden, weil all seine Inhalte bereits Realität geworden sind, sodass keine imaginäre Ebene gegeben ist [8]). Erinnern kann sich auch eine Maschine, erwarten aber kann sie nicht.

Wachheit ist zwar eine Voraussetzung für Bewusstsein, ist aber nicht mit ihm identisch. Denn es fehlt ihm die konkrete Erwartung. Auch die Gestaltwahrnehmung bleibt im Allgemeinen unbewusst. Nur in Sonderfällen – wie zB. beim bistabilen sog. Neckerwürfel, der alternativ so oder so imponiert, - wird uns der innere Blick bewusst. Denn von außen, in der Netzhaut, kommen immer die gleichen Reize an. - Die schiere Zahl der Neuronen macht es auch nicht aus: Das Kleinhirn besitzt ihrer mehr als das Großhirn ohne Bewusstsein hervorzubringen. Warum? Weil es im Kleinhirn nur einen vorwärts gerichteten Informationsfluss gibt und ihm die imaginäre Ebene fehlt.

Das Quale des Bewusstseins geht also aus der Aktivierung eines vorbestehend inaktiven – somit im Imaginärzustand sich befindlichen - Netzwerkes hervor, das durch eine eigene zwischen sensorischen Neuronen eingefügte Neuronenpopulation repräsentiert ist, welche durch spezielle, sog. modulatorische Transmitter aktivierbar ist. So wie jeder Übergang eines imaginären in einen realen Bereich, ist auch dieser Übergang mit einem transzendenten Quale verknüpft, das nun als Bewusstsein erscheint.

Jedes Bewusstsein ist intentional. Das reflexive Bewusstsein ist selbstintentional: es befragt sich selbst: Wer bin ich? Was will ich? Die Wahrnehmung des Selbst wird mit Bedeutung aufgeladen. Damit das Selbst selbstbezüglich werden kann, muss es eine prägbare Vorstruktur aufweisen, die das gesamte Großhirn umfasst. Denn nur dank der integrierten Einheit des Bewusstseins können aus der Mannigfaltigkeit der zeitlich und räumlich auseinander liegenden sinnlichen Eindrücke übergreifende Vorstellungen und Gedanken gebildet werden. Wir haben noch keine Vorstellung davon, worauf dieser übergeordnete imaginäre Zusammenhang, der alle Teile des Großhirns vermittelt, beruhen könnte. Meine eigene Vermutung geht dahin, dass dahinter eine physikalisch zu definierende Trägerwelle steckt, welche nur dem Menschen eigen ist. Sie wird durch die nur dem Menschen eigenen starren Biegungen der Carotis bei ihrem Durchbruch durch die Schädelbasis ermöglicht. Durch den Schlag des Herzens wird ein spezielles Strömungsprofil innerhalb dieser Biegungen erzeugt, aus welchem die Trägerwelle hervorgeht. Ohne eine solche prägbare Trägerwelle wäre die Selbstbezüglichkeit (unsere Identität) ein für allemal festgelegt und unveränderlich. Weil aber die Identität hinterfragbar, sowie durch Reue und Umkehr änderbar ist, muss sie imaginär grundgelegt sein. Mehrwertige Logik bildet geradezu die Voraussetzung dafür, um menschliche Freiheit zu verstehen.

Neben bewussten Abläufen kennt das Gehirn viele unbewusste Regungen, angefangen von den Reflexbögen, bis hin zu all jenen auf Rückkoppelung beruhenden Regelkreisen, die unsere Körperfunktionen – Blutdruck, Blutzucker, Wärmehaushalt… konstant halten und ohne welche ein Fortleben unmöglich wäre. Ihnen gemeinsam ist das Fehlen einer imaginären Ebene. Diese Funktionen sind daher nach vorgenannter Definition emergent, nicht transzendent.

Es gibt infolgedessen 3 verschiedene Arten neuronaler Netzwerke: (1) funktionale Netzwerke, die auf Rückkoppelung basieren, (2) imaginäre Netzwerke, die inaktiv und in sich geschlossen sind, sowie (3) Qualia erzeugende Netzwerke, die imstande sind, inaktive Netzwerke zu aktivieren und in Wahrnehmungen überzuführen. Die drei Netzwerke sind bis zu einem gewissen Grad verknüpfbar. Insbesondere bei motorischem Lernen ist zuerst Bewusstsein erforderlich, später aber laufen die Bewegungen automatisch und unbewusst ab. Im Kleinhirn fehlt, wie erwähnt, das imaginäre Netz überhaupt.

Nunmehr sind wir in der Lage, aus der Sicht mehrwertiger Logik die Entwicklung der Vernunft als Stufen des Selbstbewusstseins nachzuzeichnen.

1. Stufe: Selbsterfahrung als Ausgangspunkt von Welterfahrung. Selbsterfahrung bildet die imaginäre Ebene, aus der Welterfahrung hervorgeht. Welterfahrung wird als Spiegel einer integrierten Innenwelt erlebt, der diese in die Außenwelt projiziert. Geistiges Produkt solcher Projektion ist die Erlebniswelt des *Animismus.* Seine Erwartung konkretisiert sich im Glauben an die Seelenwanderung.

2. Stufe: Welterfahrung als Ausgangspunkt für Selbsterfahrung. Die beobachtbare, durch Experiment und Hypothese erforschbare Welt bildet die imaginäre Ebene für das sog. wissenschaftliche Selbstverständnis. Die Innenwelt wird zum Spiegel einer integrierten Außenwelt und mündet in ein Weltbild als strukturierte Vorstellung dieser. So wie die Außenwelt durch Zufall und Notwendigkeit gesteuert ist, so auch die Innenwelt durch Schicksal und Macht. Geistiges Produkt solcher Projektion ist die Erlebniswelt des *Existentialismus.* Seine Erwartung besteht in naturgesetzlicher Vergänglichkeit.

3. Stufe: Transzendenzerfahrung als Ausgangspunkt für ganzheitliche Selbst- und Welterfahrung. Die durch Analogien und Gleichnisse erschlossene Welt bildet die imaginäre Ebene sowohl von Selbst- als auch von Welterfahrung. Sie bildet die Basis für ein in Stufen strukturiertes Einheitsbewusstsein. Das Selbstbewusstsein weitet sich in die Grenzenlosigkeit höherer und niedrigerer Dimensionen, die durch das Prinzip „Liebe" vermittelt sind. Frucht dieses Selbstbewusstseins sind Friede und Geborgenheit. Seine Erwartung – Glaube und Hoffnung – ist die Auferstehung.

Damit schließt sich der Kreis: Die erste Stufe des Selbstbewusstseins gehorcht der Logik der Tautologie, die zweite Stufe der Logik der Homologie, die dritte Stufe der Logik der Analogie.

Wieviele Arten zu denken gibt es also? Computer „handeln" instruktiv, wobei das Instrukt in der Software besteht. Im Leben kommt dem die Instinkthandlung nahe. Die Instruktion (der Instinkt) zum Nestbau etwa besteht in den Wenn-Dann Folgen eines Algorithmus. Hier geht es um das Abrufen eines in den Genen festgelegten Programms. Das Ergebnis ist bereits festgelegt, auch wenn das Tier den Prozess nicht überblickt. Es gibt nichts, was das Tier erst lernen müsste. Es gibt aber eine rückkoppelnde Kontrolle über den Erfolg jeder Handlung. Sonst könnte ja das Ergebnis nicht festgelegt sein. Neurologisch genügen dafür sensomotorische Fähigkeiten und eine durch Transkriptionsfaktoren aktivierbare präformierte DNS-Kaskade, welche einen vorwärts gerichteten Informationsfluss erzeugt. Instinkthandlungen gehorchen dem logischen Prinzip der Homologie, denn das Ergebnis ist stets in derselben Weise wiederholbar. Für den Menschen vergleichbar dem Instinkt ist der Werkzeuggebrauch zur Herstellung eines Werkstückes oder einer Maschine, nur dass der Mensch gelernt hat den Prozess zu überblicken. Den Prozess überblicken heißt in der Lage zu sein, die einzelnen Schritte in ihrer Gesamtheit durch Aufmerksamkeit zu vergegenwärtigen. Diese Integration leistet das Bewusstsein, das hiefür ein inneres, in Gedanken vorstellbares Abbild bereithält. Dadurch wird jedermann in die Lage versetzt, den Prozess anzupassen und zu optimieren: Das ist der Übergang zu einem selektionistischen Prinzip. Die Selektion ist mit einer inneren Freiheit verknüpft, sodass viele Wege zum selben Ziel führen können. Aus diesem Grund ist jede Vor-stellung einzigartig und jeder Weg freiwillig. Die dahinter steckende Logik ist die Analogie: Einheitlich ist das Prinzip der Erhebung aus der imaginären phantasiebehafteten Ebene, unterschiedlich sind die Wege zum selben Ziel.

So wie die Instruktion der Homologie vorangeht, so geht die Selektion der Analogie voran. Das meint der Satz: Zuerst die Handlung, dann die Logik. Und allem voran geht die Selbsterkenntnis, d.h. die Wahrnehmung des Selbst als einem Anderen, das ihm entspricht – das Prinzip der Tautologie. Es ist das Urereignis, das Identität konstituiert.[9] Die Instruktion braucht ein Programm als Vorstruktur, die Selektion braucht ein imaginäres Möglichkeitsfeld als kenogrammatisches Vor-bild. In der Entstehung des Lebens – und schon der unbelebten Natur – ging Selektion der Instruktion voran. Das bedeutet nichts anderes, als dass die Welt aus dem Nichts entstand, genau: erwählt wurde. Unser Dasein muss, will es fortschreiten, Erwählung ermöglichen, und zwar dadurch, dass wir uns in Einfachheit üben, gleichsam ein leeres Gefäß imitieren, das mit dem Unerwarteten von außen rechnet.

Auferstehung

Die an das Ursache-Wirkungs-Prinzip gebundene Naturwissenschaft ist in dieser Frage eindeutig: Für den einzelnen Organismus, der über das Ein-Zell-Stadium hinausreicht, ist der Tod unvermeidlich, die Idee einer Auferstehung mit der Tatsache einer in eine Richtung fortschreitenden Zeit überhaupt unvereinbar. Das Gesetz der Entropie führt vielmehr dazu, dass sich in der Botschaft der Gene und im Stoffwechsel immer mehr Fehler anhäufen, unverwertbare Schlacken akkumulieren und die Lasten des Lebens zu Abnützungen am Skelett- und Kreislaufsystem führen. Dennoch kann die Art überleben, wenn sie an ihre Umgebung angepasst bleibt. Das gelingt dadurch, dass einzelne Zellen des Organismus (der sog. Keimbahn) in einem undifferenzierten und wohlgeborgenen Zustand als Reserve liegen bleiben. Das trifft zu für die Sporen von Pilzen, die Samen von Pflanzen sowie die Ei- und Samenzellen tierischer Organismen. Damit verbunden ist die Bewahrung eines imaginär präformierten Zustandes, der bei günstigen Umweltbedingungen oder durch die Verschmelzung mit einer ebensolchen Partnerzelle von außen aktivierbar ist. Hier begegnen wir wieder dem imaginären Bereich, der für jegliche Schöpfung oder Neubelebung unerlässliche Voraussetzung ist. Freilich kann davon nicht der einzelne mehrzellige Organismus, sondern nur die Art profitieren.

Einen anderen Weg zum ewigen Leben weist uns der Buddhismus und verwandte Philosophien, die wie wir gehört haben, dem logischen Prinzip der Tautologie gehorchen. Wie schon erwähnt, weist dieser Weg ins Innere und wird über die Technik der Meditation begangen. Es geht darum, von allem Vergänglichen und Sinnlichen zu abstrahieren, auch von jeglicher Ichbezogenheit, und derart einen Zustand zu erreichen, in welchem die eigene Seele – alles Fühlen und Denken – mit der Weltseele verschmilzt. Die kosmische Seele wird als ein Urgrund erfahren, der eigenschaftslos und jeglichem Dasein enthoben alles umspannt. Meditativ in die urgründige Einheit eingetaucht, wird die einzelne Seele unsterblich, denn sie hat Teil an der Zeitlosigkeit der Weltseele. Ehe es soweit ist, muss die Seele in Wiedergeburten wandern von einem Lebewesen zum andern. Das Karma bestimmt den Grad der Vollkommenheit, welchen die Seele erreicht hat. Die allem Sinnlichen und Vergänglichen entsagende Seele erreicht schließlich einen imaginären, unwirklichen Endzustand, der als solcher unveränderlich ist.

An beiden Beispielen sehen wir, dass ein Weiterleben nach dem Tod mit der Erhaltung oder dem Hinabstieg in eine imaginäre Vorwirklichkeit verknüpft ist. In beiden Fällen muss das individuelle Selbst geopfert werden. Nun fragen wir: ist es möglich, ein Weiterleben nach dem Tod vorzustellen, das ohne dieses Opfer auskommt? Dazu möchte ich eine Analogie heranziehen, die, wie wir jetzt wissen, eine eigene Wissensquelle beinhaltet, die Erkenntnisse liefert, die auf keine andere Weise erreichbar sind.[10])

Nehmen wir hiefür ein Insekt, zB. einen Schmetterling. Er durchläuft in seiner Entwicklung mehrere Stadien: das Stadium der Raupe, der Puppe und schließlich der Imago - des fertigen Schmetterlings. Die Biologie hat die Mechanismen, die diesen Verwandlungen zugrunde liegen, recht gut erforscht. Demnach enthält die genetische Ausstattung eines Schmetterlings drei hintereinander geschaltete Programme, die, ähnlich dem LAC Operon, durch Regulator-, Operator- und Strukturgene untereinander vermittelt sind. Zuerst wird das Raupenprogramm aktiviert. Seine Aufgabe besteht darin, sich die notwendigen Nährstoffe einzuverleiben und in energiehaltige Moleküle, die durch spezielle Phosphatbindungen ausgezeichnet sind, umzusetzen. Sind genügend dieser Moleküle und adäquate Umweltbedingungen vorhanden, dann tritt das Hormon Ecdyson in Aktion, das das nächste genetische Programm aktiviert, indem es, wie sein (griechischer) Name sagt, dieses zunächst „zusammengeknüllte" Programm aufdröselt und für eine Ablesung bereit macht. Der Zweck dieses Programms besteht darin, das Raupendasein zu zerstören und enzymatisch vollständig in seine Einzelteile zu zerlegen. Dieser Prozess vollzieht sich innerhalb eines „Sargs" der durch die Puppenhülle gebildet wird. Ist das geschehen, dann tritt neuerlich Ecdyson in Aktion und aktiviert das nächste Programm, das den Schmetterling hervorbringt. Abschließend wird der „Sarg" gesprengt und der fertige Schmetterling kann seinen Flug in die Lüfte antreten.

Die Entwicklungsstadien eines Schmetterlings beinhalten demnach zwei verschiedene Stadien von Lebendigkeit -Raupe und Imago-, die durch ein Stadium der Auflösung -die Puppe- voneinander getrennt sind. Die individuelle Seinsart, welche durch das im Keim vorhandene Gesamtprogramm repräsentiert ist, bleibt dabei erhalten. Das kann uns als Gleichnis dienen für die Art wie wir uns die persönliche Auferstehung vorzustellen haben.

Das Raupendasein entspricht unserem irdischen Leben, das Puppendasein entspricht der Grabesruhe und die Auferstehung entspricht der Verwandlung zu einem Schmetterling. Die Analogie geht aber noch weiter ins Detail: So wie die Raupe durch ihr Fressen energietragende Moleküle anhäuft, so ist der Mensch in seinem Erdenleben gefordert, gute Werke als Verdienst anzuhäufen. Diese guten Werke gehen so wenig wie die energietragenden Moleküle mit der Auflösung des Leibes zugrunde. Sie sind vielmehr das Angeld für die weitere Entwicklung. Neben den energietragenden Molekülen, also den guten Werken, muss auch ein Programm vorhanden sein, das die Verwandlung in einen Schmetterling, bzw. in einen himmlischen Leib der Auferstehung steuert. Dieses Programm ist keimhaft repräsentiert durch das Wort Gottes, das, vergleichbar dem Hormon Ecdyson, durch einen Anruf von außen, nämlich das Sakrament der Taufe, entrollt und ablesbar wird. Am Ende des Lebens entscheidet sich, ob das entfaltete Programm mit dem Wort Gottes übereingestimmt hat. Ist das der Fall, dann kann das Programm zur Herstellung der „Imago" (des Leibs der Herrlichkeit) regelkonform ablaufen, wobei die aufbewahrten guten Werke im selben Zuge die notwendige „Energie" dafür liefern. War das Programm fehlerhaft, dann muss erst ein Heilungsprozess einsetzen und jene Abschnitte, die der schöpferischen Liebe widersprechen und den Programmablauf ins Stocken brachten, ausgebessert werden. Gelingt das nicht, dann endet die Auferstehung in einer Missgeburt, die zum Verderb bestimmt ist. Anstelle eines Schmetterlings entsteht ein flugunfähiges Monster. Der wohlgeformte, bunte Schmetterling aber erhebt sich frei in die Lüfte und erfreut sich des Lebens im Sonnenglanz. Ja, es ist ihm in seiner Art sogar ewiges Leben beschieden.

Die Frage des Guten

Im Schöpfungsbericht heißt es am Ende eines jeden Tages: „Und Gott sah, dass es gut war". Wie kommt die Bibel dazu, das zu behaupten. Gibt es denn nicht auch Missgeburten, Sackgassen der Evolution – kosmische und biologische - die ganz gewiss nicht gut waren? Und wenn wir selbst Mitschöpfer sind, indem wir bewusst Wertzuschreibungen setzen, wie können wir sicher sein, das „Gute" gewählt zu haben? Gibt es ein Kriterium für das „Gute"? Die Evolutionstheorie gibt hier eine eindeutige Antwort: Kriterium ist die „Tüchtigkeit" (fitness), die sich *in der Zukunft* im Überleben der Art oder des Individuums erweist. Insofern freilich die Zukunft ihrer Natur nach unbestimmt ist, fehlt uns ein schlüssiges Kriterium der Tüchtigkeit, an dem unser gegenwärtiges Handeln Maß nehmen könnte. Allenfalls lernen wir aus vergangener Erfahrung, mit aller gebotenen Einschränkung, dass Irrtum auf Irrtum folgt.

In dieser Situation ist der Glaube an das Gute überhaupt verloren gegangen. Übrig bleibt ein Relativismus, der die Frage nach einem verbindlich Guten offen lässt: für den Relativisten ist das Gute eine *imaginäre* Größe, die jeder Einzelne, jede Kultur, jede Religion für sich beantworten mag, die jedoch keine Allgemeingültigkeit beanspruchen kann. Vergleichbar dem Käufer auf dem Markt, der ob ihres vorgestellten Nutzens die eine Ware einer anderen vorzieht. In gewissem Sinne hat sich eine solche Einstellung bewährt, indem sie Streit vermeidet und Toleranz übt. Ob dieser Eigenschaft ist der Relativismus, jedenfalls für Europa, das bereits zwei Weltkriege verschuldet hatte, zu einer Art Zivilreligion geworden, die bleibenden Frieden verspricht. Ein imaginärer Friede freilich, der so lange währt, bis ein von außen kommender, dem westlichen Zeitgeist entzogener Eingriff den imaginären Zustand zerbricht.

Wer sich dagegen wappnen will, für den läuft letztlich die Frage des Guten darauf hinaus, Kriterien zu definieren, die zeitlos bzw. für alle Zeiten gültig sind. Mit dem Übergang zum Bewusstsein der Analogie haben wir logisch die Gefangenheit in der Zeit hinter uns gelassen und können daher die Frage des Guten in seiner zeitlosen Form beantworten. Da aktuelle Entscheidungen jedoch stets in der Zeit getroffen werden, sind wir auf zeitlose *taugliche Haltunge*n verwiesen, die unseren zeitlichen Entscheidungen zugrunde liegen müssen. Das läuft darauf hinaus, dass wir unsere Perspektive erweitern: Was jetzt für mich schlecht scheint, kann sich im Nachhinein als Segen erweisen und was ich an Anderen oder den Umständen kritisiere, weil sie meinen gewohnten Standards widersprechen, kann eine Lehre sein, um selbst umzukehren oder es besser zu machen. Manchmal widersprechen wir uns sogar selbst, wenn unser Herz, Gefühl oder Gewissen Gründe vorbringt, die den kalkulierenden Verstand übersteigen. Wenn uns gelingt, Herz und Verstand in Einklang zu bringen, dann handeln wir weise.

Nach allem bisher Gesagten, sind es drei Haltungen, in welchen wir uns üben müssen:

1. Hinsichtlich unseres Selbst: In Einfachheit
2. Hinsichtlich unseres Nächsten: In Güte
3. Hinsichtlich unseres „Über"lebens: In Dankbarkeit

Einfachheit

Wir haben gesehen: Damit Schöpfung von außen eingreifen und wirksam werden kann, bedarf es einer in sich geschlossenen, imaginären Ebene, welche möglichst viele Möglichkeiten offenlässt. Der in sich geschlossene Bereich des Menschen wird symbolisch mit dessen Herz identifiziert. Dort sind alle Gedanken, Wünsche und Regungen verborgen. Das Menschenherz wird dann am offensten sein, wenn es selbst von keinen fixen Gedanken, Wünschen und Regungen beherrscht ist. Darin besteht der Zustand der Einfachheit. Er ist natürlicherweise bei kleinen Kindern ausgeprägt und kann vom erwachsenen Menschen meditativ eingeübt und nachvollzogen werden, durch Loslösung von allen fixen Gedanken, Wünschen und Regungen. Die buddhistische Meditation hat diese Technik zur Reife und Vollendung gebracht. Im Zustand der vollendeten Loslösung ist der Mensch maximal offen für eine von außen kommende Eingebung oder Erleuchtung. Um diesen Zustand zu erreichen, bedarf es für die meisten Menschen nicht nur der Meditation in entsprechend abgeschiedener Umgebung, sondern auch der aktiven Umkehr. Der in der Wüste zur Erleuchtung gelangte Johannes der Täufer predigte diese Umkehr und formulierte sie in Bildern: Jedes Tal soll aufgefüllt und jeder Hügel abgetragen werden, was krumm ist soll gerade und was uneben ist, soll ebener Weg werden (Luk 3,5). Das ist eine bildhafte Definition der Einfachheit. Einfachheit hat auch der Evangelist Matthäus in der Bergpredigt als den ersten Schritt zur Glückseligkeit überliefert [11]). Sie ist Voraussetzung für jegliche

Neuschöpfung und jede Einsicht, wenn es darum geht „Gottes Heil zu schauen"
(Luk 3,6). Eine solche Haltung ist in sich gut. Sie ertüchtigt dazu ein neuer
Mensch zu werden.

Güte

Ist der Zustand der Einfachheit erreicht, dann bedarf es noch eines Anlasses
oder eines Angebotes von außen, um eine aktive Zuwendung zu bewirken.
Anlässe für eine Zuwendung gibt es genug, wir müssen sie nur ergreifen. Darin
besteht die Haltung der Güte. Nicht umsonst haben Güte und Gutheit dieselbe
Wurzel. Mit einer Haltung der Güte können wir nichts falsch machen. Der
Buddhismus spricht von Mitgefühl. Das Mitgefühl ist eine Haltung, die uns
geneigt macht, soweit wir es vermögen, Akte der Güte und Barmherzigkeit
auch wirklich zu vollziehen. Das ist die zweite Haltung, die in sich gut ist. Auf
der einen Seite steht die Einfachheit, die uns bereit macht, ein Geschenk zu
empfangen. Auf der anderen Seite steht die Güte, die uns bereit macht, dem
Anderen, der sich empfänglich und bedürftig zeigt, zu helfen oder zu verzeihen.
Beide Haltungen sind spiegelbildlich und ergänzen sich gegenseitig: Vergib uns
unsere Schuld, so wie auch wir vergeben unseren Schuldigern. So wie die
Einfachheit Voraussetzung dafür ist, unverdient zu empfangen, so ist die Güte
Voraussetzung dafür, uneigennützig zu geben. Gütig ist, wer die Fehler anderer
vergibt. Das Gegenteil von Güte ist Hartherzigkeit. Güte rettet im Extremfall vor
dem Tod.

Ein geschichtliches Beispiel: Der Diktatfriede von Saint Germain (1919) war
hartherzig und führte deshalb zu einem weiteren, noch schlimmeren Krieg. Der
Marschallplan nach Ende des Zweiten Weltkrieges war hingegen ein Akt der
Güte und führte zu einer langen Friedensperiode. Der Wert von Güte und
Wohlwollen wird zunehmend erkannt, zumindest hinsichtlich der Natur
(Stichwort „saubere Energie") und der Tierhaltung (Stichwort Tierwohl). Dass
sie auch in der Politik Einzug halten möge, erscheint noch als Wunschtraum.

Dankbarkeit

Dankbar ist, wer die Güte anderer erfahren hat und anerkennt. Im Extremfall
ist es Dank für eine Errettung. In diesem Sinne ist die Eucharistie zu verstehen.
„Efcharistó" heißt griechisch und neugriechisch „danke". Die Haltung der
Dankbarkeit ist spiegelbildlich zu jener der Güte. Undankbarkeit erstickt die

Güte. Fragen wir uns: Sind wir stets dankbar für den Erntesegen und die hiefür notwendigen klimatischen Bedingungen?

Dankbarkeit anerkennt die Unverfügbarkeit von Gabe und Hingabe. Sie ist auch das beste Antidot gegen Gier und Begierde.

Ein weiteres geschichtliches Beispiel: Russische Soldaten haben für uns die Befreiung von der nationalsozialistischen Herrschaft erfochten (1945) und russischer politischer Wille hat uns die endgültige Befreiung von Fremdherrschaft erwirkt (1955). Erweisen wir uns dankbar dafür? Wenn nicht, dann haben wir den gegenwärtigen Frieden nicht verdient.

Alle nützlichen Haltungen, die über Einfachheit, Güte und Dankbarkeit hinausgehen, haben mit Gerechtigkeit zu tun: jedem das Seine zu geben und von jedem den gerechten Lohn zu erwarten. Die Lehre von der Gerechtigkeit ist seit über 3000 Jahren bekannt und, unter anderen, in den „10 Geboten" zusammengefasst. Davon soll im gegebenen Kontext nicht die Rede sein. Denn dazu bedarf es keiner besonderen Einsicht, sondern lediglich der Befolgung der sog. Goldenen Regel: „Was ihr von den Menschen erwartet, das gebt auch ihr ihnen." Diese Regel reicht aus, um den status quo zu gewährleisten. Sie ist jedoch nicht geeignet, um ihn zu überschreiten. Nur das wollte mein Anliegen sein: den Weg zu einem neuen Bewusstsein aufzuzeigen.

Epilog

Wir stehen in einer Wendezeit. Es geht um ein Neues Bewusstsein. Genau genommen, hat diese Wendezeit vor 2000 Jahren begonnen, aber erst jetzt ist sie global in eine kritische Phase getreten. Wir stehen vor der Herausforderung: Entweder wir setzen das uns angekündigte Neue Bewusstsein um, oder wir gehen zugrunde.

Wie kann ein Bewusstseinswandel gelingen? Die Rückkehr zur imaginären Ebene ist die Voraussetzung dafür, dass Neues entstehen kann. Möge die Rückkehr freiwillig und ohne gewaltsame Zerstörung geschehen! Sie geschieht aber nicht ohne Verzicht und Selbstverleugnung. Denn das in den Hauptsünden erstarrte Ich ist der Rückkehr zur imaginären Ebene nicht fähig.

Ein Mann aus Galiläa, der vor 2000 Jahren lebte, hat uns dieses Neue Bewusstsein mit der Kraft, die ihm verliehen war, verkündet und vorgelebt: Von der Verstandesseite durch seine Verkündigung in Gleichnissen und von der Herzensseite in der Verwirklichung des Prinzips opferbereiter Liebe. Unter dem Zeichen des Kreuzes wurde die gerissene Verbindung zwischen Himmel und Erde wiederhergestellt. Dafür stehen symbolhaft die beiden Kreuzbalken: der waagrechte völkerverbindende, verschränkt mit dem senkrechten, der in die nächsthöhere Ebene weist.

Im Gespräch mit dem Pharisäer Nikodemus (Joh 3,1-21) hat er dargelegt, wie es funktioniert: „Wahrlich ich sage dir, wer nicht von oben geboren wird kann das Reich Gottes nicht schauen!" Da fragte Nikodemus: Wie kann ein Mensch wiedergeboren werden, wenn er schon alt ist...? Und Jesus antwortete: ‚Wer nicht wiedergeboren wird aus Wasser und Geist, kann nicht in das Reich Gottes eintreten....' Das Wasser steht für die imaginäre Ebene, aus welcher alles Leben auf der Erde entstand. Der Geist steht für den von außen kommenden Eingriff, der die in die Einfachheit des Wassers eingetauchte Seele emporhebt und zu einem neuen Menschen wandelt.

Und Paulus, als einer der ersten Diener des Neuen Weges, verweist uns im Brief an die Philipper auf dieses Beispiel: „Habt unter euch dasselbe Sinnen, das auch den Herrn beseelte: Er, der göttlichen Wesens war, hielt an seiner Gottgleichheit nicht wie an einem Raub fest. Sondern entäußerte sich selbst, indem er Knechtsgestalt annahm. Den Menschen gleich und ihnen gleich befunden wurde er gehorsam bis zum Tod, ja bis zum Tod am Kreuz. Darum hat

Gott ihn auch erhöht und einen Namen ihm gegeben, der über allen Namen ist…." Die Entäußerung zur Knechtsgestalt und die freiwillige Annahme des Todes entspricht dem Hinabstieg in die imaginäre Ebene. Sie bildet die Voraussetzung für den göttlichen Eingriff der Auferstehung und die Erhöhung „seines Namens".

Bisher sind nur wenige diesem Weg gefolgt. Als Gesellschaft lebten wir so, als ob es keine höhere Ebene gäbe, zu der wir berufen sind. Jetzt aber zeigt sich: Transzendenz gehört zur Evolution dazu. Wenn wir als Gesellschaft die Transzendenz ernst nehmen, dann können uns Krisen, wie jene der Covid-Pandemie, nichts mehr anhaben. Im Gegenteil: Sie beschleunigen den Bewusstseinswandel. Denn in der Gefahr wächst das Rettende auch.

So müssen auch wir diesem Mann nachleben: Die Leidenschaften und den Eigendünkel in uns abtöten und uns zu Dienern der Mitmenschen machen. Diese Entäußerung verschafft uns die uneingeschränkte Verfügbarkeit, den Abstieg in jene komplex-imaginäre Daseinsform, aus welcher heraus alles möglich wird, dank dem schöpferischen Prinzip, das uns die Liebe gewährt. Von nun an bedarf es keines Gottesbeweises mehr, denn wir selbst werden im neuen Bewusstsein der Gotteskindschaft eine gottgleiche Natur angenommen haben.

Damit können wir Anselm's Gottesbeweis für unsere heutige Zeit umformen:

(1) Eine allergrößte Liebe ist denknotwendig – als Standard
(2) Der Standard ist auch seinsnotwendig – sonst gäbe es keine maßgeblichen Werte
(3) Also ist eine allergrößte Liebe, die wir mit dem Namen „Gott" benennen, seinsnotwendig

Anmerkungen

1. Das wird im Buch von Ilya Prigogine und Isabelle Stengers „Vom Sein zum Werden" (1973) näher ausgeführt.
2. Vergleiche dazu Einsteins Nobelpreisrede 1920 in Leiden.
3. Zitiert aus: J. Monod „Le hasard et la nécéssité". Ed. Du Seuil (1970)
4. https://www.wienerzeitung.at/h/ein-philosoph-des-19-jahrhunderts
5. Die animierte Entwicklung kann im Internet unter der Adresse Eulersche Formel – Wikipedia abgerufen werden.
6. Eberhard von Goldammer (2002): Einführung zur Neuauflage von Gotthard Günther „Das Bewusstsein der Maschinen".
7. In neuerer Zeit hat Fritjof Capra in seinem Buch „Das Tao der Physik" (1975) auf beachtenswerte Weise versucht, westliche Wissenschaft mit östlicher Philosophie zusammen zu denken.
8. Das stimmt allerdings nur bedingt, wie Martin Korte in seinem Buch „Wir sind Gedächtnis" betont: „Unsere Erinnerungen sind nicht nur eine Akkumulation von Fakten und Schulwissen, nicht nur… Einzelheiten unserer Autobiographie. Vielmehr sind sie der Stoff, aus dem unser Selbst gestrickt ist…. Das gesunde Gedächtnis ist ein Meister im Spinnen, Weben und Vernetzen. Erst das Gedächtnis stattet uns mit einer individuellen Persönlichkeit und einer Ich-Perspektive aus…"
9. Siehe dazu Heideggers Aufsatz: „Identität und Differenz".
10. Darauf hat erstmals Konrad Lorenz in seiner Nobelpreisrede (1973) hingewiesen.
11. Aus der Bergpredigt (Erste Seligpreisung im aramäischen Urtext): „Selig die einfachen Sinnes (sind), denn ihrer ist das Himmelreich". Die weiteren Seligpreisungen haben diese erste zur Voraussetzung.

Inhaltsverzeichnis:

Printed by Books on Demand GmbH, Norderstedt / Germany